Sandy C. Newbigging

10 Lehren für den Neubeginn

Damit Sie aus dem Rest Ihres Lebens
das Beste machen

Wichtiger Hinweis

Die im Buch veröffentlichten Empfehlungen wurden von Verfasser und Verlag sorgfältig erarbeitet und geprüft. Eine Garantie kann dennoch nicht übernommen werden. Ebenso ist die Haftung des Verfassers bzw. des Verlages und seiner Beauftragten für Personen-, Sach- und Vermögensschäden ausgeschlossen.

**Aus dem Englischen
von Nayoma de Haën**

Titel der Originalausgabe:
New Beginnings. Ten Teachings to Make the Rest of Your Life the Best of Your Life.
© Sandy C. Newbigging
first published by Findhorn Press, Schottland, 2013

Deutsche Ausgabe:
© KOHA-Verlag GmbH Burgrain
1. Auflage 2017
Alle Rechte vorbehalten
Cover: Karin Schnellbach
Grafiken: Shutterstock, Fotolia
Lektorat und Layout: Birgit-Inga Weber
Gesamtherstellung: Karin Schnellbach
Druck: CPI Books GmbH, Leck
ISBN 978-3-86728-323-6

Für Wee Yin

INHALT

Lass diesen Augenblick
ein Neubeginn sein.

Die überarbeitete Neuauflage

Von Sandy Newbigging

*(Ja, das ist mein Familienname
seit meiner Geburt …!)*

»Newbigging, ist das Ihr echter Name?« … Das ist eine der häufigsten Fragen, die mir seit dem ersten Erscheinen dieses Buches (Originaltitel *»New Beginnings«*; Anm. d. Übers.) gestellt wurde. Vielleicht denken Sie, das sei doch ein naheliegender Titel für mein erstes Buch. Aber als ich es schrieb, hatte ich zunächst keine Ahnung, wie ich es nennen wollte. Am Ende half mir ein guter Freund, das Offensichtliche zu erkennen.

Demselben Prinzip folgend, lassen wir uns allzu leicht von den Einzelheiten des Alltags ablenken, sodass wir den größeren Zusammenhang aus den Augen verlieren: die Tatsache, dass wir am Leben sind. Wir wühlen uns geschäftig durch unsere nie endenden To-do-Listen und vergessen, ab und zu innezuhalten, einfach *»zu sein«* und die Reise zu genießen, während wir uns das Leben erschaffen, das wir uns wünschen. In diesem Sinne hoffe ich, dieses Buch ermöglicht Ihnen einen frischen Blick auf den Sinn des Lebens; möge es Sie inspirieren, *jedem Augenblick Bedeutung zu verleihen.* Indem Sie diesen Augenblick als einen Neubeginn betrachten, lernen Sie, das Neue anzunehmen, Probleme loszulassen, das von Ihnen Gewünschte anzuziehen und – das ist das Beste von allem – glücklich zu leben bis an Ihr Ende, und zwar nicht in einem fernen, märchenhaften Land, sondern in der Realität des Hier und Jetzt.

Seit der ersten Veröffentlichung dieses Buches

Um meiner Integrität willen habe ich es mir zur Aufgabe gemacht, die Lehren aus diesem Buch in meinem eigenen Leben anzuwenden, was wundervolle Ergebnisse nach sich zog.

Kurz nach der ersten Veröffentlichung 2005 wurde ich eingeladen, in drei verschiedenen Fernsehreihen als Therapeut aufzutreten. Diese Reihen wurden in dreißig verschiedenen Ländern ausgestrahlt. Das verschaffte mir so viel Öffentlichkeit, dass große Verlage auf mich zukamen und mir Buchverträge anboten (was zu zwei Bestsellern geführt hat). Außerdem wurde ich eingeladen, in Großbritannien, Spanien, Frankreich, Thailand, Australien und in der Türkei ganzheitliche Gesundheitsretreats durchzuführen und Menschen aus fünfzehn Ländern die *Mind-Detox*-Methode beizubringen, die ich zufällig nebenbei entwickelt hatte.

Dabei sind fantastische Freundschaften entstanden, ich habe wunderschöne Orte besucht und dort gelebt, ich habe meine Schulden abbezahlt und mir ein Cabrio *und* ein Motorrad gekauft! Und all das ohne großen Stress oder besondere Anstrengungen, sondern einfach durch den Fokus auf das Sein, auf die Liebe und die Anziehung. Das ist doch aufregend, oder? Besonders Letzteres war *die neue Art zu leben,* die ich damals den Lesern der ersten Ausgabe dieses Buches *(»New Beginnings«)* vermittelt habe.

Wenn der Schüler bereit ist

Zu den eher unerwarteten Entwicklungen seit der ersten Ausgabe dieses Buches gehört die Begegnung mit meinem spirituellen Lehrer. Ich wurde zu etwas, was sich wohl am ehesten als »moderner Mönch« bezeichnen lässt. Ich meditierte Tausende von Stunden und lehrte Meditation in vielen Ländern, woraus mein Buch *»Ruhe im Kopf – Schluss mit dem Dauerdenken«* entstanden ist.

Durch die Erfahrungen meiner Arbeit mit den unterschiedlichsten Menschen in meinen Beratungen, Kursen und Retreats, die Lehren meines spirituellen Lehrers und die Erkenntnisse aus meinen Meditationen hat sich mein Leben seit der ersten Veröffentlichung dieses Buchs 2005 ganz schön verändert. Es scheint wirklich an der Zeit zu sein, eine überarbeitete Ausgabe herauszubringen.

Die »Zehn inneren Lehren«

Gegenwärtig zu sein und eine erleuchtete Sicht auf die eigenen Lebensumstände zu entwickeln ist eine zeitlose Weisheit, die nie aus der Mode kommt. Die Fans der ersten Ausgabe dieses Buches werden jedoch bemerken, dass sich seine Struktur und sein Slogan ziemlich verändert haben.

Bei der Überarbeitung entdeckte ich in meinem Text zehn eigenständige, bedeutsame »Lehren«. Da ich diese Lehren während der vergangenen Jahre selbst angewandt habe, weiß ich, wie stark sie das Leben eines Menschen verändern können. Mir schien, die weitreichende Bedeutung dieser Lehren und ihrer Umsetzung erforderte einen entsprechenden Untertitel wie *»Making the Rest of Your Life the Best of Your Life«* (»Das Beste aus dem Rest Ihres Lebens machen«). Doch diese Ausgabe enthält noch weit mehr Veränderungen, vor allem aufgrund der neuen Prioritäten, die sich für mich in den letzten paar Jahren ergeben haben.

Vom Wissen zum Sein

Als ich 2005 mit dem Schreiben begann, war ich neu in der Szene und meinte, mich als guter Lehrer beweisen zu müssen. Mittlerweile interessiert es mich viel mehr, *die Lehren zu leben.* Dieser Wandel vom Lehren zum Sein mag zunächst einfach erscheinen, doch dahinter steckt der wohl größte und bedeutsamste Prioritätenwechsel meines Lebens. Ich habe entdeckt, dass es ein Riesenunterschied ist, ob ich etwas über coole spirituelle Konzepte *weiß* oder ob ich wahren Wohlstand, Glück, inneren Frieden und Freiheit von Problemen *direkt in meinem Leben erfahre.*

Bevor ich die neue, umfassend überarbeitete Fassung dieses Bandes vorstelle, werde ich deshalb noch etwas darauf eingehen, wie Sie vom *Wissen* darüber, was Sie wollen, zu der lebendigen, realen *Erfahrung* kommen können. Der Unterschied ist entscheidend. Es gibt auf dieser Erde eine Menge konzeptionell erleuchteter Menschen; doch was wir vor allem brauchen, sind Menschen, die erleuchtete Leben leben.

Hier kommt die Einladung dazu!

Sandy C. Newbigging
Mai 2013

Wagen Sie es!

Von David R. Hamilton, Ph.D.

Es steht außer Zweifel, dass die Qualität unserer Absichten die Qualität unsres Lebens beeinflusst. In den letzten paar Jahren haben selbst Wissenschaftler einstimmig nachgewiesen, dass unsere Gedanken Einfluss auf unseren Körper haben – auf unser Gehirn, unser Herz, unser Immunsystem und sogar unsere Gene. Doch unsere Absichten beeinflussen auch alles um uns herum: Die Qualität unserer Absichten wirkt sich bis auf unsere Lebensumstände aus.

Entscheidend ist die Haltung, die diesen Absichten zugrunde liegt. Absichten, die auf Liebe und Wertschätzung (im Sinne von »Hochschätzung«) beruhen, bewirken positive Veränderungen – sowohl gesundheitlich als auch was die Lebensumstände betrifft.

Es ist wissenschaftlich erwiesen, dass das Empfinden echter Wertschätzung für einen anderen Menschen das eigene Immunsystem aktiviert und einen vor schädlichen Mikroorganismen schützt. Auf ganz reale Weise fördert daher Wertschätzung auch Ihre Immunität gegenüber »negativen« Lebensumständen. Allerdings gibt es, wie in diesem Buch erklärt wird, eigentlich keine negativen Lebensumstände, sondern nur Umstände, die wir als negativ bezeichnen. Es ist nur unsere Perspektive, die die Dinge als positiv oder negativ einordnet. Doch sobald wir das Etikett verliehen haben, beeinflussen unsere Bewertungen, wie wir uns fühlen.

Die Macht, uns gut zu fühlen, liegt also bei uns. Es kommt nur darauf an, wie wir die Dinge betrachten. Wie Sandy sagt: *»Ob wir ein freudvolles oder problematisches Leben haben, hängt nicht davon ab, was passiert, sondern welche Bedeutung wir dem Geschehen verleihen.«* Wissenschaftliche Studien zeigen das ganz deutlich.

Angenommen, jemand merkt, er wird nicht rechtzeitig zu einer Verabredung kommen. Der mentale und emotionale Stress der Verspätung bewirkt biochemische Veränderungen im Körper: Stresshormone werden ausgeschüttet, die Alterungsprozesse werden beschleunigt, und sogar die Gene verändern sich. Doch nicht das Spät-dran-Sein als solches ist der Auslöser dafür, sondern die Gedanken über die Verspätung. An und für sich ist Spät-dran-Sein einfach ein neutrales Ereignis, das auf den Körper oder das übrige Leben keine Auswirkungen hat; diese entstehen erst durch die Bedeutung, die wir ihm geben.

Um unseres eigenen Wohles willen müssen wir lernen, unsere Lebensumstände zu akzeptieren und mit ihnen im Fluss zu sein. Dann bewerten wir die Dinge nicht als negativ und setzen uns nicht unter Stress, sondern versetzen uns in Freude. Am besten geht das, wie Sandy uns ermutigt, indem wir aufhören, über die Vergangenheit nachzudenken, uns um die Zukunft zu sorgen oder abzuwarten, bis sich die Dinge bessern, und uns stattdessen für die Neuigkeit des Jetzt öffnen und uns daran erfreuen.

Also nur zu! Wenden Sie Sandys »Zehn innere Lehren« in Ihrem täglichen Leben an und schauen Sie, was passiert. Wagen Sie es!

»Wenn Sie immer tun,
was Sie schon immer getan haben,
werden Sie immer bekommen,
was Sie schon immer bekommen haben.«

MARK TWAIN

Die Freiheit der Wahl

Die uralte Weisheit
des befreiten Lebens

Jede Sekunde jeden Tages bietet einen neuen Anfang. Genau jetzt kommen die Schöpfungskräfte auf wundersame und großartige Weise zusammen, um einen nagelneuen Augenblick voller Potenzial und Möglichkeiten zu gebären. Was Sie damit anfangen, ist letztlich Ihre Entscheidung.

Das ist es, wovon die »Zehn inneren Lehren« handeln. Ob individuell oder kollektiv angewandt, geben sie uns die Freiheit der Wahl zwischen Frieden oder Schmerz, Verwirrung oder Klarheit, Problemen oder Perfektion, Zögern oder Handeln, Versagen oder Gelingen.

Wenn Sie die Lehren leben, werden Sie bemerken, ob Sie – aus Gewohnheit oder aufgrund Ihrer Prägungen – das Opfer gespielt, in der Vergangenheit gelebt, über die Gegenwart gejammert oder sich durch Zukunftsängste behindert haben. Wenn Sie die Lehren anwenden, wird in Ihnen die Fähigkeit erwachen, sich bewusst für das Feiern des Lebens zu entscheiden, mit dem Zauber des gegenwärtigen Augenblicks zu verschmelzen und mutig und brillant alles, was passiert, für Ihre Entwicklung zu nutzen – zu Ihrem eigenen Wohl und zum Wohl der Menschheit.

Dieses Buch bietet Ihnen einen neuen Weg des befreiten Lebens an – frei von Problemen und randvoll mit Segnungen.

Sie können in jedem Augenblick eine lebensfördernde Wahl treffen. Sie können wie gewohnt urteilen und den Ereignissen Widerstand entgegensetzen, was unnötig Stress und Schmerz verursacht und Sie leiden lässt. Sie können sich jedoch auch entscheiden, das Leben zu akzeptieren und sich vom Universum führen und helfen zu lassen.

Sie können jedem Augenblick Bedeutung verleihen. Dann entscheiden nicht die Ereignisse, sondern die Bedeutung, die Sie ihnen verleihen, darüber, ob Sie ein freudvolles oder ein problemträchtiges Leben haben. In diesem Buch geht es darum, aufzuhören, Probleme als Probleme zu betrachten – ein für alle Mal.

Sie können Ihre Ziele mit Stress und Anstrengung verfolgen, oder Sie können Sie mit müheloser Leichtigkeit und vom ganzen Universum unterstützt anziehen.

Ich möchte Ihnen zeigen, wie Sie durch die Macht des positiven Fokus, erbaulicher Emotionen, Präsenz, Wertschätzung und Nicht-Anhaftung ein Magnet für Wunder werden können. Auf den folgenden Seiten finden Sie äußerst wirkungsvolle Strategien, um mehr von dem, was Sie sich wünschen, in Ihr Leben einzuladen.

Innere Lehren zur Transformation der äußeren Welt

»Sei du die Veränderung, die du in der Welt sehen willst« lautet das weithin bekannte Zitat von Mahatma Gandhi. Diese Worte hatten so große Wirkung auf die Menschheit, weil wir kaum eine Chance haben, nachhaltig etwas in der Welt zu bewirken, sofern wir uns nicht selbst verändern.

*Der Aufbau des von Ihnen gewünschten Körpers und
Lebens erfordert die entsprechenden INNEREN Grundlagen.*

Wenn Sie sich aufmachen, Verbesserungen zu bewirken, müssen Sie sich der evolutionären inneren Arbeit widmen, die gewöhnlich dafür nötig ist. Zu Ihrer Unterstützung bietet Ihnen dieses Buch zehn Lehren, um aus dem Rest Ihres Lebens das Beste zu machen. Indem Sie sich darauf konzentrieren, eine positivere und produktivere innere Beziehung mit Ihrem Leben zu haben, erzeugen Sie eine machtvolle Plattform für echte, nachhaltige Veränderungen Ihrer äußeren Lebensumstände. Und nicht nur das – Sie erleben Ihr Leben auch zu 200 Prozent!

Das kann doch nicht alles gewesen sein ...

Meiner Ansicht nach ist Evolution eine unserer wesentlichen Aufgaben im Leben. Mit Evolution meine ich nicht, weniger behaart zu werden und aufrechter zu gehen, sondern die Erhöhung des Bewusstseinsniveaus. Als menschliche Wesen entspricht es unserem natürlichen Sein, uns dem Neuen zuzuwenden, problemfrei zu leben, das Ersehnte »anzuziehen« und uns des Lebens zu erfreuen. Die meisten Menschen erleben Freude, wenn sie ganz im Augenblick sind, eine Sichtweise einnehmen, in der es keine Probleme gibt, und wenn sie bedeutsame Zusammentreffen von Ereignissen erleben, die Ihnen helfen, dem näher zu kommen, was sie sich wünschen.

Meistens tun wir dies unbewusst, ohne es zu bemerken, einfach indem wir uns an dem freuen, was gerade passiert. Indem wir unser Bewusstseinsniveau anheben, werden wir *innerlich* friedvoller und präsenter. Wir leben weniger in der Vergangenheit und Zukunft und mehr in der göttlichen Gegenwart, die der Herrlichkeit des Augenblicks innewohnt. Gleichzeitig werden wir in unserem *äußeren* Verhalten zielgerichteter, leidenschaftlicher und einflussreicher. Wenn wir uns entscheiden, wie wir auf das Leben reagieren wollen, bemerken wir bewusster, was tatsächlich im Universum insgesamt vor sich geht. Im Gegenzug können wir das Leben zu 200 Prozent genießen, indem wir voll und ganz sowohl innerlich als auch äußerlich erleuchtet leben.

Der Sinn des Lebens ist, zu leben

Haben Sie sich je gefragt, was der Sinn des Lebens ist? Dann wären Sie nicht allein. Es ist eine universelle Frage, die Millionen von Menschen zumindest irgendwann mal bewegt hat. Leider fahren sich die meisten auf der Suche nach der Antwort fest, zum einen wegen der schieren Größe der Frage, zum anderen weil sie irrigerweise annehmen, der Sinn ihres Daseins hinge mit dem zusammen, was sie tun. Ich kenne sogar Menschen in den Sechzigern und Siebzigern, die immer noch herauszufinden versuchen, was der Sinn ihres Lebens ist. Sie fühlen sich minderwertig, verloren und verwirrt ob der Frage, was sie mit ihrem Leben *tun* sollen. Und während all der Zeit, in der die Jahre dahingehen, verpassen sie ihr Leben.

Auch Sie können Jahre damit zubringen, auf den Aha-Moment zu warten, in dem sich alles klärt und Sie plötzlich den Sinn des Lebens erkennen. Oder Sie können es *einfach* halten (die Wahrheit ist immer einfach!) und die befreiende Möglichkeit erwägen, dass *der Sinn des Lebens darin besteht, es zu leben.*

Klingt das zu simpel? Haben Sie auf etwas Tieferes, Bedeutsameres gehofft? Tut mir leid, falls ich Sie enttäuscht habe. Aber lesen Sie bitte weiter! Denn sobald Sie diese schlichte Wahrheit in Ihrem Leben anwenden, werden Sie die Magie darin entdecken – ich verspreche es Ihnen.

Überleben Sie oder gedeihen Sie?

Wie viele Menschen kennen Sie, die voll und ganz leben? Damit meine ich, dass sie das Leben zu 200 Prozent erleben: ganz und gar innerlich die Tiefe und Großartigkeit ihres Seins erfahren (siehe Kapitel 4) und äußerlich jeden Augenblick vollkommen annehmen, mit absoluter Leidenschaft, Furchtlosigkeit, bedingungsloser Freude und grenzenloser Liebe.

Den größten Teil meines eigenen Lebens wusste ich nicht, was es heißt, voll und ganz zu leben. Eines Tages stieß ich auf ein Zitat eines spirituellen Lehrers, der MSI genannt wurde. Da hieß es:

»Das Leben will in ewiger Freude, grenzenloser Freiheit, bedingungsloser Liebe und unendlichem Gewahrsein gelebt werden. Jedes andere Leben geht komplett an dem vorbei, worum es geht, als Mensch geboren zu sein.«

Wow! Diese Worte jagten mir eine Heidenangst ein; gleichzeitig wurde ich aufgeregt wie ein Kind im Bonbonladen. Zum ersten Mal in meinem Leben bekam ich eine Ahnung davon, welche Art menschlicher Erfahrung für mich in diesem Leben möglich war. Als ich den Satz noch ein paarmal las, wurde mir auch glasklar, dass ich bislang nicht voll und ganz gelebt hatte. Ich war gerade so durchgekommen, ich hatte überlebt, aber ich war nicht gediehen: angstvoll konzentriert darauf, alles zu vermeiden, was ich *nicht* wollte, und hoffend, einen möglichst sicheren und komfortablen Weg zu meinem Totenbett zu finden.

> **»Die Lebensreise sollte sich nicht mit der Absicht auf das Grab zubewegen, gefahrlos und mit einem attraktiven, wohlbewahrten Körper anzukommen. Wir sollten vielmehr seitwärts darauf zuschlittern, Champagner in der einen, Erdbeeren in der anderen Hand, total verbraucht und abgenutzt, und dabei »Juchhu!« rufen: »Was für ein toller Trip!«**
>
> GEORGE CARLIN

Jetzt widme ich mich dem Leben mit Leidenschaft. Dem echten Leben! Aus jedem Augenblick versuche ich, das Maximum an Leben herauszuholen. Indem ich erforschte, was es bedeutet, in ewiger Freude, bedingungsloser Liebe und unendlichem Gewahrsein zu leben, entdeckte ich, dass der Sinn meines Lebens weniger davon abhängt, was ich tue, sondern vielmehr davon, *wer ich bin, während ich etwas tue*. Was ich tue, ist zweitrangig geworden; wichtiger ist, das eigentliche Wunder des Lebens zu bemerken, zu schätzen und es zu genießen. Ich erkenne immer mehr, dass der Sinn des Lebens darin besteht, zu lernen, ganz und gar in der Welt zu lieben und zu spielen und sich an jedem Augenblick maximal zu erfreuen.

Über dieses Buch

Wenn Sie die »Zehn inneren Lehren« lesen, werden Sie bemerken, dass sie drei Bereiche abdecken:

Das Neue annehmen
Probleme loslassen
Wunder manifestieren

Es gibt einen guten Grund für diese Struktur. Wunder anzuziehen kann bedeuten, dass sich bestimmte Aspekte Ihres Lebens ändern müssen. Falls Sie sich auf eine Änderung Ihrer Lebensumstände konzentrieren, ohne zuerst präsent zu sein und mit sich selbst liebevoll umzugehen, können Ihre Absichten auf Angst beruhen. Negative Absichten können zu langfristigen Problemen führen, weil Sie a) sich dann auf das konzentrieren, was Sie *nicht* wollen, und b) sich damit zu einem Opfer der Wechselhaftigkeit Ihrer Lebensumstände machen, zum Beispiel wie gut oder schlecht Ihre Karriere, Ihre Beziehungen oder Ihre finanziellen Verhältnisse laufen.

Werden Sie ein Magnet für Wunder!

Nehmen Sie andererseits das Neue an und lassen Sie die Probleme los, dann lernen Sie, präsent zu sein und Ihre Absichten mit der Macht des Universums in Einklang zu bringen. Aus dem Hier und Jetzt heraus haben Ihre positiven Absichten viel mehr Macht und Sie werden zu einem Magneten für Wunder. Jeder Tag wird dann zu einer Feier Ihrer Evolution, zu einer Chance, mit Leidenschaft, Sinn und Liebe zu leben – zum Wohl Ihrer selbst und der ganzen Menschheit.

Das Leben aus Liebe dient allem im Kosmos zum Wohl.

»Der Grund, weshalb wir wissen,
dass alles vollkommen ist,
ist, weil es geschieht.«

ECKHART TOLLE

Teil I

Zehn innere Lehren

Damit Sie aus dem Rest Ihres Lebens
das Beste machen

Das Äußere spiegelt das Innere

Die erste innere Lehre

Sie bekommen das, was Sie projizieren.
Fangen Sie also an, Ihr Selbstbild zu überprüfen!

Auf Pflaumenbäumen wachsen keine Äpfel. Das mag eine banale Aussage sein, doch sie hilft Ihnen bei Ihrem Neubeginn, eines der natürlichen Gesetze zu erkennen, auf denen dieses Universum beruht: *Man erntet, was man sät.*

Das äußere Leben ist ein Echo
Ihrer inneren Erwartungen
Ihre Gedanken mitsamt Ihren Überzeugungen, Absichten und Erwartungen bilden die Samen Ihrer äußeren Lebensumstände. Das bedeutet, Ihr Selbstbild – und dazu gehören auch Ihre Überzeugungen über sich selbst und zu was Sie meinen fähig zu sein – formt Ihre äußere Gesundheit, Ihren Wohlstand, Ihre Beziehungen, Ihre Lebens- und Arbeitsumstände und so weiter.

Die Samen, die Sie säen, werden zu dem Leben, das Ihnen erwächst.

Müssen Sie Ihr Selbstbild überprüfen?

Die absichtsvolle Ausrichtung des Universums auf das, was Sie sich wünschen (ich sage »absichtsvoll«, denn Sie lenken Ihr Universum auch jetzt), fängt damit an, dass Sie prüfen, ob Ihr Selbstbild im Einklang ist mit dem, was Sie in Ihr Leben holen wollen. Mit anderen Worten: Es beginnt damit, dass Sie mit Herz und Verstand davon überzeugt sind, es wert zu sein, das Gewünschte zu bekommen.

Selbst wenn Sie es nicht sofort für wahr halten, wird allein das absichtsvolle Denken über Sie selbst als einen positiven, leidenschaftlichen, selbstbewussten, abenteuerlustigen und wohlhabenden Menschen zu Entscheidungen führen, die eine Person und ein Leben erschaffen, welche Ihrem Selbstbild entsprechen. Andererseits stimmt dies auch, wenn Sie sich als langweilig, schüchtern und erfolglos betrachten und meinen, Sie hätten ein armseliges, liebloses Leben. Falls Sie weiterhin negativ über Ihr Leben denken, werden Sie es sich nicht zugestehen, dass Wunder durch Ihr Leben strömen.

Wenn Sie nicht sehen, was Sie sich für Ihr Leben wünschen, ist es Zeit, Ihr Selbstbild aufzuräumen.

Es liegt an Ihnen, sich für ein Selbstbild zu entscheiden, das Ihnen hilft, sich der Wunder wert zu fühlen. Entscheiden Sie sich, die Meinungen zu bestimmen, die Sie über sich selbst haben! Der erste Schritt besteht darin, sich dessen bewusst zu werden, wie Sie bislang über sich gedacht haben.

Dafür können Sie die Tools »Mein Selbstbild« (Tool Nr. 1) und »Quellen des Selbstausdrucks« (Nr. 2) in Anhang 1 verwenden. Ich empfehle Ihnen, danach die Möglichkeit zu erkunden, dass Sie bereits sehr viel wundervoller sind, als Sie meinen.

Dabei hilft Ihnen das »Was ich erreicht habe«-Tool (Nr. 3). Dann sind Sie bereit für eines meiner Lieblingstools, den »Persönlichen Kraftspruch« (Nr. 4). Damit können Sie für sich eine lebensrettende Affirmation finden, mit der Sie Ihr Gehirn trainieren, liebevoller über Sie selbst zu denken.

Ein persönlicher Kraftspruch hat mir das Leben gerettet

Ich entwarf meinen ersten persönlichen Kraftspruch, als ich dreiundzwanzig Jahre alt war. Ich steckte in einem Job ohne Aussichten, der mich nicht begeisterte, und ich dachte, mein junges Alter erlaube mir nicht, auf dem Gebiet zu arbeiten, von dem ich träumte. Um mein Denken mit meinem Kraftspruch umzukehren, lautete er: *»Ich bin ein rasanter Überflieger, und meine Jugend ist meine Stärke!«* (Vielleicht ein bisschen kitschig, aber es war genau das Gegenteil dessen, wie ich mich fühlte; insofern war es der perfekte Kraftspruch für mich.) Ich schrieb ihn auf eine gefaltete Karte und stellte sie auf meinen Schreibtisch. Manchmal kamen Leute vorbei und grinsten über den Spruch; doch ich behielt ihn dort als Zeichen meiner Entschlossenheit, ihn zu verwirklichen. Es hätte seine Kraft total untergraben, ihn zu verstecken.

Eines Donnerstagnachmittags rettete mir mein persönlicher Kraftspruch praktisch das Leben. Mein Vertrag sollte erneuert werden, und ich erfuhr nach einer enttäuschenden Besprechung mit dem Management-Team, dass sie mir nicht geben wollten, worum ich gebeten hatte. Sie gaben mir eine Frist bis zum Feierabend jenes Tages, den Vertrag zu unterschreiben, sonst bräuchte ich am nächsten Tag gar nicht wiederzukommen.

Als ich an jenem Nachmittag mit dem neuen Vertrag in den Händen dasaß, wurde mir bewusst, dass ich eine grundsätzliche Entscheidung zu treffen hatte. Ich konnte den sicheren Weg wählen, indem ich den Vertrag unterschrieb und in einem Job weiterarbeitete, der mich nicht glücklich machte. Oder ich konnte mich entscheiden, die Sicherheiten eines Angestellten-

Daseins hinter mir zu lassen und eine Karriere als Coach und Trainer zu wagen (etwa zehn Jahre früher, als ich voraussichtlich dafür bereit zu sein meinte).

Während ich so über die verschiedenen Optionen nachdachte, sprang mir immer wieder der Gedanke *»Ich bin ein rasanter Überflieger, und meine Jugend ist meine Stärke!«* in den Sinn. Er bewirkte, dass sich ein gewisses Selbstvertrauen in meinem Bauch regte und mein Selbstwertgefühl zunahm. Ich konnte mir zugestehen, mich nicht mit dem zweitbesten zufriedenzugeben und eine Entscheidung zu treffen, die zu einem *rasanten Überflieger mit seiner Jugend als Stärke* passte.

Der Rest ist Geschichte, wie es so schön heißt. Ich bin so froh, dass ich mich nicht verramscht habe und dass mir mein persönlicher Kraftspruch den Mut gegeben hat, für meinen Traum einzustehen, obwohl die meisten Leute um mich herum dachten, es wäre verrückt.

Top-Tipp: Hängen Sie es an die große Glocke! Es liegt eine große Kraft darin, der Welt den persönlichen Kraftspruch zu verkünden. Damit meine ich nicht, dass Sie jetzt Ihren Kraftspruch herausposaunend durch die Straßen ziehen sollen. Ich empfehle eher die moderneren Wege – via Facebook und Twitter. Ich würde mich freuen, wenn Sie gegebenenfalls Ihren Post mit mir teilen würden, damit ich ihn sehen kann: *www. facebook.com/minddetoxman*. Ich liebe es, persönliche Kraftsprüche zu lesen. Es ist so leicht, mit ihrer Hilfe das eigene Selbstbild aufzumöbeln, indem man …

> *… freundlich und sanft mit sich selbst umgeht; sich selbst ermutigt, wie es ein guter Freund oder eine gute Freundin tun würde; sich vergegenwärtigt, dass man sich selbst neu erschaffen kann, und zwar hier und jetzt.*

Sie sind es wert!

Sind Sie bereit, sich der Möglichkeit zu öffnen, dass Sie es ganz und gar wert sind, eine wundervolle göttliche Bestimmung zu leben, unabhängig davon, wie Ihr Leben bislang verlaufen ist?

Es ist viel passiert, um Ihnen das Leben zu schenken, und so viel funktioniert auf wundersame Weise immer weiter, um Sie am Leben zu erhalten. Der Segen dieser Gabe des Lebens verleiht Ihnen das Potenzial und die Gelegenheiten, sich fantastisch zu fühlen und eine großartige Wirklichkeit zu manifestieren. Ob Sie es glauben oder nicht: Als menschliches Wesen sind Sie dafür gebaut, Ihre Gabe des Lebens zu genießen. Ihr natürlicher Seinszustand liegt darin, Frieden, Freude und Liebe zu erfahren, ohne dass es dazu eines besonderen Grundes bedarf. Sie sind allein durch Ihre Geburt frei, eine atemberaubende, ehrfurchtgebietende Existenz zu leben – in einer Überfülle von allem, was Sie sich nur wünschen können. Stellen Sie sich das mal vor!

Falls Sie sich von der Tatsache, ein freier und machtvoller Mensch zu sein, abgeschnitten haben, ist dies Ihre Einladung und Gelegenheit, sich für neue Sichtweisen auf sich selbst zu öffnen.

Das erstaunliche neue »Ich«

Erstaunlicherweise sind Sie in jedem Augenblick jedes neuen Tages ein neues »Ich«. Heute ist ein neuer Tag, und Sie sind ein neuer Mensch. Sie sind anders als gestern. Anders, als Sie vor zwei Sekunden waren!

Sie halten sich vielleicht nicht für neu, Sie fühlen sich vielleicht gleich – aber das bedeutet nicht, dass Sie tatsächlich derselbe Mensch sind. Es spielt keine Rolle, was Sie getan haben oder nicht getan haben: Sie werden immer etwas Neues. Solange Sie am Leben sind, werden Sie etwas Neues.

Allein während Sie dieses Buch lesen, vollziehen sich Veränderungen in Ihrem Körper und Ihrem Geist, durch die Sie ein anderer Mensch sind als vor wenigen Sekunden. Sie sind neu! Das Neue annehmen bedeutet, Ihre Augen und Ohren zu öffnen und sich auf Ihre Lebenserfahrung einzulassen.

Seien Sie sich der Neuheit bewusst, die in jeder Begegnung steckt, selbst wenn es Freunde oder Familienmitglieder sind, denen Sie schon tausend Mal begegnet sind.

Seien Sie sich der Neuheit jedes Ortes bewusst, selbst wenn Sie schon unzählige Male dort waren. Halten Sie danach Ausschau. Lauschen Sie darauf. Spüren Sie es.

> *Seien Sie bereit, die Neuheit von allem willkommen zu heißen. Entscheiden Sie sich, wach zu werden für die frische Großartigkeit Ihrer selbst, Ihrer Mitmenschen und der Welt.*

Sie mögen sich der Neuheit Ihres Geistes, Ihres Körpers und Ihrer Lebenserfahrung nicht bewusst sein, aber das heißt nicht, dass sie deshalb gleich bleiben. Sollten Sie die Neuheit nicht bemerken, heißt das nicht, dass sie nicht da ist; es heißt nur, Sie bemerken sie nicht!

Der Schlüssel zum Annehmen des Neuen ist, zuerst dafür bereit zu sein, das Neue zu bemerken. Das ist so wichtig, weil das Wahrnehmen des Neuen automatisch zu der inneren Erkenntnis führt, dass Sie unzählige Gelegenheiten haben, die Dinge zum Positiven zu wenden und Ihren Tag Ihren Wünschen entsprechend zu gestalten. (Mehr darüber in Kapitel 3.)

Wer wollen Sie von nun an sein?

Sie können jeden Tag entscheiden, wer Sie sein wollen. Sie sind nicht in Stein gemeißelt. Sie sind auch kein Opfer Ihrer Vergangenheit. Sie haben immer die Macht, zu wählen. Wollen Sie die Schönheit in allem beachten? Wollen Sie Spaß haben und spielerisch durch Ihren Tag gehen? Wollen Sie sich ruhig, gelassen und selbstsicher fühlen? Wollen Sie alle und alles wirklich wertschätzen? Wollen Sie die Dinge vollkommen lieben, statt zu versuchen, vollkommene Dinge zu finden, um sie zu lieben?

Im folgenden Kapitel können Sie weiter erkunden, wie Sie sein wollen, indem Sie die größten Hoffnungen Ihres Herzens entdecken ...

Herzenswünsche ernst nehmen

Die zweite innere Lehre

*Sparen Sie sich Zeit und Mühe,
indem Sie nicht an den falschen Stellen suchen!*

Damit das Universum Ihnen liefern kann, was Sie wünschen, müssen Sie sich erst einmal bewusst sein, was **Sie wollen.** Glasklar zu wissen, was Ihr größter Herzenswunsch ist, kann einen entscheidenden Unterschied ausmachen. Zu Ihrer Unterstützung gebe ich Ihnen jetzt einen imaginativen Zauberstab in die Hand, mit dem Sie sich etwas wünschen können. Was würden Sie sich erbitten? Nehmen Sie sich einen Moment Zeit, sich zu besinnen.

Wenn Sie absolut alles haben könnten, was wäre es?

Zu wissen, wonach sich Ihr Herz am allermeisten sehnt, gehört zum Wichtigsten, was Sie wissen können. Wenn Sie Ihren größten Herzenswunsch ernst nehmen, indem Sie jeden Tag vollkommen klar darauf ausgerichtet bleiben, was Sie wirklich wollen, werden Sie weniger Zeit vergeuden, sich auf das Wesentliche konzentrieren, bessere Entscheidungen treffen und die Gelegenheiten, Ihr Leben zu genießen, erheblich vermehren.

Sie sind nicht allein

Ich habe Tausenden von Leuten die Zauberstab-Frage gestellt. Faszinierenderweise zeigen sich unabhängig von Wohlstand, Gesundheit, Nationalität oder kulturellem Hintergrund immer wieder zwei Antworten.

Fast jeder möchte sich *Glück* oder *inneren Frieden* herbeizaubern. (Ich spreche dann gerne von »glücklichem Frieden« oder »friedlichem Glück«, denn obwohl ich immer sage, sie hätten *einen* Wunsch frei, wünschen sich die meisten Menschen beides.) Die anderen heißen Kandidaten sind *Liebe, Seligkeit, Vertrauen, Furchtlosigkeit, Weisheit, Zufriedenheit* und *Einheit mit Gott*. Was hätten *Sie* gerne, wenn alles möglich wäre?

Aufhören, im Außen nach inneren Erfahrungen zu suchen

Ich möchte Ihnen an dieser Stelle noch einen Top-Tipp geben: Sollten Ihnen physische oder äußere Dinge in den Sinn kommen, wie eine bessere Gesundheit, mehr Geld oder die Begegnung mit einem Lebenspartner, können Sie sich fragen: »*Warum will ich das letztlich?*« Wann immer ich Menschen diese Frage stelle, sagen sie meistens etwas im Sinne von: »Würde ich diesem Menschen begegnen, dann würde ich Liebe erleben«, oder: »Wenn ich gesund wäre, wäre ich glücklich.« Ihr größter Wunsch ist also letztlich Liebe oder Glücklichsein. Erkennen Sie den Unterschied? Meistens dreht es sich bei dem größten Herzenswunsch um eine positive *innere* Erfahrung.

Jeder echte Neubeginn erfordert, dass Sie wissen, wohin Sie wollen. Hören Sie also auf zu lesen, bis Sie sich wirklich im Klaren sind, was Ihr größter Herzenswunsch ist. Dieses Buch kann Ihnen helfen, zu bekommen, was Sie sich zuinnerst wünschen.

Sich darüber klar zu sein, was es ist, kann Ihnen viel Zeit und Mühe ersparen, weil Sie dann auf ganz natürliche Weise aufhören, im Außen nach einer *inneren Erfahrung* zu suchen. Es lohnt sich also unmittelbar.

Ein erleuchtender Dialog

Als mein spiritueller Lehrer mich fragte, was ich mir mehr als alles andere wünsche, antwortete ich mit großer Überzeugung: »Frieden!«

Die nächste Frage haute mich jedoch fast aus den Socken; sie lautete: »Prima, wenn du dir also so dringend Frieden wünschst, wie viel Zeit verbringst du jeden Tag damit, dafür zu sorgen, dass Frieden zu einer lebendigen Erfahrung für dich wird?«

Ehrlicherweise musste ich antworten: »Nicht so viel. Ich bin halt gerade sehr beschäftigt.«

»Okay, womit bist du denn so beschäftigt?«, fragte mein Lehrer mitfühlend nach.

»Na ja, ich versuche, meinen Körper, meine Beziehungen, meine Finanzen und mein Leben so auf die Reihe zu kriegen, dass ich mich irgendwann entspannen kann und ich …« Ich erinnere mich, dass ich einen Moment innehielt, als der tonnenschwere Groschen fiel: »… endlich *Frieden* habe!«

Mithilfe dieses erleuchtenden Dialogs erkannte ich, dass ich mir angewöhnt hatte, meinen größten Herzenswunsch zurückzustellen, bis ich meine Lebensumstände im Griff haben würde. Indem ich versuchte, mein Leben im Außen zu perfektionieren, um mich innerlich gut zu fühlen, wartete ich auf eine Zukunft, die nie kam. Abhängig von äußeren Faktoren, auf die ich nur wenig Einfluss habe, und mit einem Herzenswunsch, der außer Reichweite zu sein scheint – klingt das vielleicht vertraut?

Haben Sie hart gearbeitet, um zu diesem mythologischen Ort namens »dort« hinzukommen? Was, wenn »dort« »hier« wäre? Es war die ganze Zeit schon hier.

Friedvoll sein heißt nicht, passiv zu sein

Auch wenn Ihr größter Herzenswunsch eine innere Erfahrung ist, brauchen Sie nicht aufzuhören, Ihre äußeren Lebensumstände zu verbessern. Sie sind hier, um das Leben zu 200 Prozent zu genießen. Damit sind Sie frei, voll und ganz die Freiheit der Präsenz zu erfahren (siehe Kapitel 3 und 4) und gleichzeitig Ihre Lebensumstände entsprechend Ihren Wünschen zu verändern. Ich habe sogar festgestellt, dass Menschen, die in ihrem größten Herzenswunsch ruhen, indem sie voll und ganz gegenwärtig sind, auf natürliche Weise sehr viel mehr bereit sind, großartige Vorstellungen von ihren äußeren Lebensumständen zu hegen. Es ist eine echte Win-win-Situation.

Träume groß, kleine Raupe!

Der erste Schritt zu dem Leben, von dem Sie träumen,
besteht darin, sich das Träumen wieder zuzugestehen.

Wenn ich Raupen sehe, stelle ich mir gerne vor, dass sie große, bunte Träume von ihrem zukünftigen Leben haben. Ich lasse mich von der Möglichkeit inspirieren, dass sie ihre gegenwärtigen Lebensumstände bewusst ignorieren und stattdessen ihre ganze Aufmerksamkeit und ihre Anstrengungen darauf richten, ihren Lebenstraum zu manifestieren. Statt sich selbst wegen ihres gegenwärtigen Zustands fertigzumachen, scheinen sich Raupen zu akzeptieren und zu wissen, dass sie dort anfangen müssen, wo sie gerade sind, um dorthin zu kommen, wo sie gerne hinwollen. Indem sie sich zugestehen, große Träume von ihrem Leben zu haben, können sie ihr Potenzial erfüllen und zu den wunderschönen Schmetterlingen werden, als die sie angelegt sind.

Leider haben nur ziemlich wenig Menschen dieselbe positive Einstellung wie die kleinen Raupen. Zu viele Menschen neigen dazu, ihre Träume an ihren gegenwärtigen Lebensumständen auszurichten. Sie erzeugen und akzeptieren die Illusion, dass sich ihr Lebenstraum nie erfüllen wird, und geben sich mit dem zufrieden, was sie haben. Sie schneiden sich von der Realität ab, dass sie unendlich machtvolle Wesen sind, fähig, die Wirklichkeit zu erschaffen, nach der sie sich sehnen.

Als Kinder konnten wir träumen

Wenn Kinder darüber nachdenken, was sie sich zum Geburtstag oder zu Weihnachten wünschen, lassen sie ihrer Fantasie freien Lauf. Sie konzentrieren sich auf das Gewünschte und auf all die Gründe, warum sie es gern haben wollen. Sie werden aufgeregt, erzählen es allen Leuten und sind ganz damit beschäftigt.

Viele Erwachsene hören auf zu träumen, weil sie vergessen, wie viel Freude es bereiten kann, daran zu denken, *was* man sich wünscht. Stattdessen vernebeln sie ihre Vision mit Gedanken darüber, *wie* sie es erlangen könnten. Sie gründen ihre Zukunft auf ihrer Vergangenheit und grübeln über die Gründe nach, warum sie es wahrscheinlich nicht kriegen werden. So reden sie sich ihre Träume schnell wieder aus. Sie lernen nicht von den kleinen Raupen, die ihre gegenwärtigen Lebensumstände akzeptieren, und fragen: »Was hätte ich denn gern, wie sich mein Leben von nun an entfalten sollte?«

Im Einklang mit unseren Werten leben

Bei Ihrer Entscheidung, wie Sie sich Ihre Lebensumstände wünschen, ist es von großem Vorteil, wenn Ihre Ziele im Einklang mit Ihren Werten sind. Ihre Werte sind die Dinge im Leben, die Ihnen wichtig sind. Werte können allgemeiner Natur sein – Dinge, die Ihnen im Leben grundsätzlich wichtig sind – oder kontextspezifisch, das heißt auf einen bestimmten Lebensbereich wie Beruf oder Gesundheit bezogen.

Ein Leben im Einklang mit den persönlichen Werten führt zu mehr Erfüllung.

Zu den allgemeinen Werten gehören Qualitäten wie Liebe, Freiheit, Sicherheit, Intimität, Wachstum, Spaß, Integrität und Frieden. Kontextspezifische Werte könnten zum Beispiel für den Bereich Beziehung lauten: Verständnis, Intimität, Humor, ähnliche Interessen, Freundlichkeit und Ermutigung. Die Tools »Wertvolles Leben« (Nr. 5) und »Wertvolle Hinweise« (Nr. 6) helfen Ihnen, sich über Ihre Werte klar zu werden. Indem Sie Ihre Werte erkennen und fokussieren, können Sie ...

- ☒ ... verstehen, was Sie bewegt (*»Was ist wichtig und was ist unwichtig?«*);
- ☒ ... erkennen, was in Ihrem Leben wesentlich ist;
- ☒ ... eine Landkarte erstellen, an der Sie sich bei Entscheidungen orientieren können;
- ☒ ... voraussehen, ob Sie das Erreichen eines Ziels erfüllen wird oder nicht.

Zwischen Werten und Erfüllung besteht eine direkte Verbindung. Solange Sie sich in bestimmten Bereichen Ihres Lebens erfüllt fühlen, bedeutet es, dass Sie in diesen Bereichen Ihren persönlichen Werten entsprechend leben. Sollten Sie andererseits innere Spannungen oder Konflikte spüren, könnte es daran liegen, dass Sie einem oder mehreren Ihrer Werte nicht gerecht werden. Es ist daher äußerst nützlich, sich der eigenen Werte bewusst zu sein und dafür zu sorgen, dass das eigene Leben im Einklang damit verläuft.

Das eigene ideale Leben glasklar vor Augen haben

Sie sind der Architekt oder die Architektin Ihrer Lebenssituation. Ob Sie sich dessen bewusst sind oder nicht: Sie verbringen 24 Stunden Ihres Tages damit, Ihr Leben zu gestalten. Die gute Nachricht ist, dass es an Ihnen liegt, wie Sie diese Zeit verbringen, und dass dem unglaublich wundervollen Tag, den Sie erschaffen können, keine Grenzen gesetzt sind.

Bereiten Sie sich auf das Gelingen vor, indem Sie Ihr Ziel glasklar vor Augen haben. Das wird Ihnen helfen, die passenden Handlungsschritte zu planen, um die Lücke zwischen dem Ist-Zustand und Ihrem Zielzustand zu schließen. Die Tools »Persönliches Profil« (Nr. 7), »101 Fragen, um Klarheit über mein Leben zu gewinnen« (Nr. 8) und »Lebenszeit-Fokus« (Nr. 9) unterstützen Sie dabei, Ihre gewünschte Lebenssituation glasklar zu definieren.

Top-Tipps für totale Klarheit

Hier sind ein paar meiner Lieblingstipps für absolute Klarheit über die eigenen Lebensziele:

Top-Tipp #1 Genau sein

Sie wissen nicht, was Sie wollen? Dann kann es äußerst hilfreich sein, Ihr Leben in die folgenden kleineren, besser fassbaren Bereiche aufzuteilen:

* Liebe & Romantik (mit einem Partner/einer Partnerin)
* Familie & Freundschaften
* Gesundheit & Vitalität
* Beruf & Karriere
* Wohlstand & Zugang zu Ressourcen
* Lebens- & Arbeitsumfeld
* Spaß & Erholung
* Persönliches Wachstum & Entwicklung
* Beitrag zum Wohl anderer
* Spiritualität & Selbsterkenntnis

Überlegen Sie sich für jeden dieser Bereiche, wie es jetzt in Ihrem Leben darum steht und was Sie verbessern könnten, um Ihr Leben voll und ganz zu genießen.

Top-Tipp #2   Tun, was man liebt

Das Leben ist kostbar, daher ist es nicht sinnvoll, es mit etwas zu vergeuden, was Sie nicht mögen. Die meisten Menschen, denen ich begegne, wissen ganz gut, was sie *nicht* wollen, aber wenn sie gefragt werden, was sie denn gern hätten, sind sie oft erst einmal ratlos. Die gute Nachricht lautet, dass Sie meiner Ansicht nach bereits wissen, was Ihnen wichtig ist, wenn Sie wissen, was Sie *nicht* wollen. Sie brauchen Ihre Abneigungen nur in das Gegenteil zu verwandeln. Um herauszufinden, was Sie wirklich freut, können Sie das »Liebe-Hass-Überblick«-Tool (Nr. 10) verwenden, außerdem das »Wohlfühlzeiten«-Tool (Nr. 11).

Top-Tipp #3   Wirkungsvolle Ziele wählen

Investieren Sie Zeit und Energie, um Ziele anzuziehen, die in Ihrem Leben die größte positive Wirkung zeigen werden! Um Sie darin zu unterstützen, Ziele zu finden, die es auch wirklich wert sind, manifestiert zu werden, habe ich im Anhang 1 ein paar Tools aufgeführt, darunter »Auswirkungen« (Nr. 12) und »Ziele zur Lebensverbesserung« (Nr. 13).

Top-Tipp #4   Sich mit anderen Träumern austauschen

Während Sie lernen, wieder zu träumen, ist es weise, Ihre Träume nur Menschen mitzuteilen, die ebenfalls bereit sind, groß zu denken. Sonst besteht die Gefahr, dass Sie es sich wieder ausreden lassen, sich für das einzusetzen, was Sie sich wünschen. Für einen echten Neubeginn ist es sehr wichtig, sich mit Menschen zu umgeben, die Sie unterstützen und ermutigen. Rekrutieren Sie Ihr »Dream-Team« mithilfe des entsprechenden Tools (Nr. 14).

Top-Tipp #5   Eigene Ziele mit M.E.A.N.T. T.O. B.E. abgleichen

Sie haben das Universum auf Ihrer Seite, wenn Sie Ihre Ziele so gestalten, dass sie sich für Sie wie vorherbestimmt (»meant to be«) und daher unausweichlich anfühlen. Das Akronym M.E.A.N.T. T.O. B.E. wird im Anhang (Tool Nr. 15) erklärt. Folgen Sie den

Anleitungen, dann können Sie sicher sein, dass Ihre Ziele Ihren Überzeugungen entsprechen. Im Anschluss daran finden Sie auch das Tool »Die Manifestation von M.E.A.N.T. T.O. B.E.-Zielen« (Nr. 16), mit dessen Hilfe Sie ein klares, bezwingendes inneres Bild Ihres Wunsches entwickeln können.

> *Klarheit ist Macht. Ohne sie können Sie in einem Leben im Dunkeln enden.*

Denken Sie daran, Ihren Fokus auf Ihrem größten Herzenswunsch zu halten, wenn Sie sich Ziele für die Veränderung Ihrer äußeren Lebensumstände setzen.

Die nächste innere Lehre kann Ihnen helfen, zu entdecken, wie Sie gleichzeitig Ihre ideale Zukunft erschaffen und den Weg dorthin genießen können.

Im Hier und Jetzt sein

Die dritte innere Lehre

Den universellen Kraftpunkt anzapfen

Um die Kraft des Universums zu nutzen, müssen Sie mit Ihrer Aufmerksamkeit auf den Punkt in Zeit und Raum ausrichtet bleiben, in dem das Universum existiert und operiert.

In Wirklichkeit existiert *alles* in diesem Universum *jetzt*. Es gibt nur das Jetzt. Ihr Leben geschieht jetzt. Tatsächlich besteht Ihr Leben aus nichts Weiterem als diesem gegenwärtigen Moment. Das Jetzt ist alles, was Sie haben. Wenn Sie zu den Glücklichen gehören, die morgen früh aufwachen, die Augen öffnen und mit der Gabe des Lebens gesegnet sind, dann haben Sie nichts weiter als ein weiteres Jetzt!

Wenn es darum geht, jeden Neubeginn anzunehmen, gilt es eigentlich, das Jetzt anzunehmen. Wann immer Sie im Jetzt sind, bemerken Sie alles, was jetzt ist. Wann immer Sie über die Vergangenheit nachdenken, ist Ihr Fokus nicht im Jetzt und Sie sind in Ihrem Kopf. Wann immer Sie über die Zukunft nachdenken, ist Ihr Fokus ebenfalls nicht im Jetzt und Sie sind im Kopf.

Das Jetzt findet außerhalb Ihrer Gedanken in der unmittelbaren inneren Erfahrung dieses wundervollen Moments statt. Wenn Sie nicht so viel Liebe, Schönheit, Tiefe, Spaß oder Glück erfahren, wie Sie gern hätten, bedeutet das nicht, dass diese Dinge nicht bereits in Ihrem Leben vorhanden wären. Es bedeutet nur, dass Sie sie nicht bemerken. Sobald Sie aus dem Kopf gehen und sich auf den gegenwärtigen Moment einlassen, werden Sie bemerken, dass Ihr größter Herzenswunsch bereits erfüllt wird.

> *Gehen Sie aus Ihrem Kopf; kommen Sie ins Jetzt und merken Sie auf!*

Das Verpassen des wundervollen Moments kann zu sehr viel unnötigem Leiden und Stress führen. Sie riskieren damit, Ihr Leben im Mangel zu verbringen, immer nach mehr zu verlangen, als Sie haben, und nie wirklich erfüllt zu sein. Sie riskieren, Vergangenes zu bereuen oder den »guten, alten Zeiten« hinterherzutrauern. Oder mit Gedanken wie »Wenn nur …, dann wäre ich glücklich« oder »Wenn nur …, dann könnte ich mich entspannen« den Genuss des gegenwärtigen Augenblicks unnötig hinauszuzögern. Sie nehmen sinnbildlich gesprochen das, was Sie sich über alles wünschen, und werfen es in eine Zukunft, die nie eintreten wird.

Warum wird es nie was?

> *Abwarten ist ein Denkmuster, das unseren größten Herzenswunsch auf ewig außer Reichweite hält.*

Solange Sie nicht aufhören, sich immer wieder auf die alten Denkmuster einzulassen, werden Sie das Ersehnte immer in die

Zukunft projizieren. Frieden, Glücklichsein oder andere Ihrer Herzenswünsche sind nur *jetzt* erfahrbar. Das Leben ist zu kostbar, um den Genuss hinauszuzögern. Sie können sich stattdessen entscheiden, was Sie wollen, und lernen, aufmerksam genug zu sein, um es zu bemerken: in sich selbst, in anderen, in allem, jetzt. Nochmals: Wenn Sie es nicht unmittelbar bemerken, bedeutet das nicht, dass es nicht da ist; es bedeutet nur, dass Sie nicht die Fähigkeit entwickelt haben, es zu bemerken – noch nicht!

Jetzt ist unmittelbar unendlich

Die (Uhr-)Zeit ist für vieles praktisch, zum Beispiel um einen Bus zu erreichen, um sich zum Essen zu verabreden oder um ins Kino zu gehen. Doch um das Annehmen des Jetzt wirklich zu verstehen, müssen Sie Ihr Konzept der Zeit loslassen.

Jeder Augenblick ist neu, und jeder Augenblick hat nichts mit der Zeit zu tun. Das Jetzt ist weder messbar noch linear. Es *ist* einfach. Würden wir versuchen, das Jetzt in den Kontext der Zeit zu packen, wäre es kleiner als der kürzeste Moment und gleichzeitig länger als immer. Das Jetzt ist gleichzeitig unmittelbar und unendlich. Schwer zu kapieren? Brauchen wir zum Glück auch nicht, denn um gegenwärtig zu sein, müssen wir das Denken hinter uns lassen und uns ganz und gar in die unmittelbare innere Erfahrung des Hier und Jetzt fallen lassen. Klingt das beängstigend? Braucht es nicht.

Sicher und gelassen im Jetzt

Es ist ewig neu, frisch und voller Leben. Sind Sie mit dem Jetzt verbunden, dann entdecken Sie, dass es viel angenehmer ist, hier und jetzt zu sein als zu irgendeiner anderen Zeit. Sie werden bemerken, dass ein Augenblick, sobald er geschehen ist, sofort in der Vergangenheit liegt. Vorbei. Für immer, obwohl er gerade eben war. Sobald Sie anfangen, darüber nachzudenken, was soeben geschehen ist, sind Sie schon in Ihrem Kopf und verpassen die erstaunlichen Möglichkeiten, die dieser neue Moment zu bieten hat. Sie verpassen das Leben.

Das Verweilen in der Vergangenheit käut nur das Alte wieder. Das Vergangene ist tot. Bitte vergeuden Sie keine Sekunde Ihres Lebens, indem Sie vergangenen Zeiten nachhängen, denn Ihren größten Herzenswunsch werden Sie dort nicht finden. Nur hier. Selbst wenn es Ihnen gelänge, Ihre Vergangenheit und Ihre Zukunft perfekt zu gestalten – Ihren größten Herzenswunsch können Sie nur jetzt erleben.

Sie können Ihren größten Herzenswunsch nicht in der Vergangenheit oder Zukunft erfahren. Sie können ihn nur jetzt erfahren. Warum also in anderen Zeiten suchen, was nur hier und jetzt erlebt werden kann?

Was in Ihrer Vergangenheit passiert ist oder in Ihrer Zukunft geschehen könnte, ist von keinerlei Bedeutung dafür, ob Sie in diesem Augenblick Frieden, Liebe oder Glück erfahren. Es ist unmöglich, irgendetwas Erfüllendes in irgendeiner anderen Zeit zu erleben als jetzt. Haben Sie das erst einmal kapiert, wird es Ihr Leben für immer verändern!

Negative Emotionen: eine Sache der Vergangenheit!

Gedanken an die Vergangenheit oder Zukunft öffnen schlechten Gefühlen Tor und Tür, weil negative Gefühle Zeit brauchen, um zu existieren. Angst hat meistens mit Gedanken an zukünftige Szenarios zu tun, während das Nachsinnen über die Vergangenheit eher Ärger, Traurigkeit oder Schuldgefühle hervorruft. Sie erleben diese Gefühle zwar im Jetzt, aber sie entstehen durch die Gedanken an vergangene Erfahrungen oder durch die Vorstellung zukünftiger Szenarios. Verstehen Sie den Unterschied? Indem Sie lernen, mit dem Denken an andere Zeiten aufzuhören und Ihre Aufmerksamkeit auf das Jetzt zu richten, können Sie sich von negativen Emotionen befreien.

Wenn Ihre Aufmerksamkeit auf das Jetzt gerichtet ist und Sie vollkommen präsent sind, fühlen Sie sich ganz natürlich gut.

Sie müssen mir das nicht glauben; probieren Sie das »Frieden ist jetzt möglich«-Tool (Nr. 17). Achten Sie darauf, wo Ihre Aufmerksamkeit ist, wenn Sie negative Gefühle bemerken. Sie denken garantiert an die Vergangenheit oder Zukunft oder Sie bewerten den gegenwärtigen Moment als schlecht (was genau genommen bedeutet, dass Sie nicht präsent sind, weil Sie den Augenblick verlassen haben, um darüber nachzudenken, dass er nicht Ihren Wünschen entspricht). Während Sie sich schlecht fühlen, sind Sie niemals im Hier und Jetzt. Es ist unmöglich.

Nehmen Sie sich Zeit, die Fähigkeit zu entwickeln, sich der Neuheit in sich selbst, in anderen und in jedem Ort bewusst zu sein. Halten Sie Ausschau danach, lauschen Sie darauf, spüren Sie sie in jedem Augenblick. Bemerken Sie, wie dadurch die Farben klarer und die Geräusche deutlicher werden. Die Tools »Innehalten – Wahrnehmen« (Nr. 18), »Der Zauber im Alltäglichen« (Nr. 19) und »3-C-Sehen« (Nr. 20) helfen Ihnen beim Üben, im Hier und Jetzt zu sein.

Sie werden bemerken, dass das Leben dabei zu einem zauberhaften Abenteuer wird, an dem Sie sich erfreuen können. Lassen Sie sich auf jeden Schritt dieser Reise ein und genießen Sie ihn. Machen Sie sich bewusst, dass die Reise selbst das Ziel ist. Sie haben die Macht, alles augenblicklich zu verwandeln.

Die Magie des Augenblicks ist nichts, was irgendwie zu erreichen wäre. Sie sind am Tag Ihrer Geburt darin angekommen. So, wie Sie jetzt sind, sind Sie vollständig.

Eine klare, eindeutige Sache

Gegenwärtig zu sein ist klar und eindeutig: Entweder Sie sind im Augenblick, oder Sie sind in Ihrem Denken an die Vergangenheit oder Zukunft. Trotzdem erscheint es vielen Menschen schwer. Sie erleben nur sehr selten den Zauber der vollständigen Gegenwärtigkeit und geben auf, danach zu streben, denn häufig fehlt ihnen ein wichtiger Puzzlestein.

Wahrzunehmen, was gerade vor sich geht, ist nur ein Teil der Präsenz. Um den Frieden, die Freude, die Liebe und die Zufriedenheit, die Ihr Geburtsrecht sind, voll und ganz zu erfahren, müssen Sie Ihr Sein wiederentdecken.

Ihr Sein ist der dauerhafte Aspekt Ihrer Selbst, der bereits ständig präsent ist. Lesen Sie diesen Satz noch einmal! Ein Teil von Ihnen ist bereits gegenwärtig! Indem Sie sich in Ihr Sein zurücksinken lassen, werden Sie automatisch präsent. Während Sie in Ihrem Sein ruhen, können Sie das Leben in seiner ganzen Schönheit genießen, ohne Probleme leben und zu einem Magneten für Wunder werden.

Wie geht *sein*? Diese lebenswichtige Frage betrachten wir im nächsten Kapitel – jetzt!

Im Sein ruhen

Die vierte innere Lehre

Sie sind bereits sehr gut darin,
Sie selbst zu sein

Beherzte Zuversicht beruht auf dem Wissen, dass unser Sein nicht von unseren Lebensumständen abhängt. Sie sind nicht Ihre Berufsbezeichnung, Ihr Familienstand, Ihre Nationalität oder irgendein anderes Etikett, das Sie Ihrer Identität anheften können. Sie sind viel mehr, als Sie meinen. Sie sind Leben.

Die Verwechslung unseres Lebens mit unseren Tätigkeiten gehört auf diesem Planeten zu den häufigsten Ursachen von Problemen. Damit können Frieden und Glück den Lebensumständen zum Opfer fallen – Lebensumständen, von denen wir meinen, sie müssten eine bestimmte Form haben, damit es uns gut geht. Daraus entsteht leicht ein Leben in Angst und mit Kontrollzwang, und wir verpassen die Herrlichkeit dessen, was wir wirklich sind.

Ihr Sein ist, was Sie sind.
Ihre Lebensumstände sind das, was Sie tun.

Es gibt einen wesentlichen Unterschied zwischen Ihrem *Leben* und Ihren *Lebensumständen*. Ihr Leben ist Ihr *Sein,* und Ihr Sein ist, was Sie sind. Es macht Ihr Wesen aus, daher sprechen wir auch von »menschlichen Wesen«. Ihre Lebensumstände bestehen dagegen aus der Ansammlung von Dingen, die Sie in Ihrem Leben machen: Ihrer Arbeit, Ihren Beziehungen, Ihren Finanzen. Die Tatsache, dass Sie lebendig sind, beweist, dass Sie von Leben erfüllt sind. Sonst wären Sie tot. Noch bemerkenswerter ist die Tatsache, dass Ihr Sein niemals gebrochen, beschädigt oder krank werden kann. Es ist immer rein und vollkommen. Die logische Konsequenz lautet, ob Sie es glauben oder nicht: *Ihr Leben ist bereits vollkommen!*

Überlegen Sie mal: Wie viel Zeit am Tag sind Sie sich innerlich Ihres Seins bewusst? Die meisten Menschen, denen ich begegne, richten sehr viel mehr ihrer Aufmerksamkeit auf das, was sie tun, sodass ihnen nur noch wenig Aufmerksamkeit für ihr Sein bleibt.

Aber wenn Sie einen Moment innehalten und nur *sind,* werden Sie bemerken, dass Sie hier sind. Das mag wie eine banale Bemerkung klingen, doch wie oft sind Sie sich bewusst, wie perfekt Sie SIE sind? Oder anders ausgedrückt: … wie vollkommen Sie das Leben sind?

Ganz egal, wie Ihre Lebensumstände aussehen:
Sie sind immer perfekt das Leben.

Sie mögen vorgefasste Ideen davon haben, wer oder was Sie sein *sollten,* aber das hat nichts damit zu tun, dass Sie hier und jetzt perfekt SIE sind. Beim Annehmen des Neuen geht es weniger darum, zu versuchen, die Lebensumstände zu verbessern, sondern mehr darum, in jedem Augenblick darauf ausgerichtet zu sein, das Leben-Sein zu erforschen. Je mehr Sie neugierig das Leben-Sein erforschen, desto weniger werden Ihre Lebensumstände Ihren Frieden, Ihre Liebe und Ihre Freude beeinflussen. Es wird auch weiterhin angenehm sein, einen Beruf auszuüben, den man als sinnvoll empfindet, oder einen wundervollen Partner zu haben. Doch sobald Sie erkennen, dass es um den Unterschied zwischen einem erleuchteten Leben und einem Leben ohne eine Ahnung von der grenzenlosen Strahlkraft Ihres Seins geht, werden diese äußeren Dinge weniger wichtig erscheinen. [Hilfreich ist dabei auch das Tool »Was glaube ich, wer ich bin?« (Nr. 21).]

> *Erleuchtet sein bedeutet, die Wahrheit Ihres Seins zu erkennen und zu erfahren.*

Machen Sie es zu einer Priorität, Ihr Sein zu bemerken!

Welcher Aspekt von Ihnen verändert sich nicht? Sie sind nicht, was Sie tun, denn Ihr Handeln ist vorübergehend. Alles, was im Lauf Ihres Tages passiert, ereignet sich jedoch innerhalb des beständigen Rahmens Ihres Seins. Ihr Sein ist immer gegenwärtig und frei von allen Begrenzungen oder Problemen. Es ist die stille Bewusstheit, die diesen Augenblick wahrnimmt.

Selbst jetzt ist Ihr Sein gegenwärtig und beobachtet, wie Sie dieses Wort lesen. Um es zu bemerken, können Sie Ihre Aufmerksamkeit mit der Absicht, diesen Augenblick wahrzunehmen, nach innen sinken lassen. Dann werden Sie den stillen Beobachter bemerken, der alles von innen heraus wahrnimmt; eine lebendige Präsenz des Seins in Ihrem Körper; eine Lebendigkeit, die in Frieden ist, ganz egal, was außen passiert.

Sein ist jenseits dessen, was in Ihrem Leben geschieht

Ein Leben im Gewahrsein des eigenen Seins ist unglaublich befreiend. Während Sie im Gewahrsein Ihrer Lebendigkeit ruhen, sind Sie frei von Angst, weil Ihre innere Erfahrung von Frieden und Vollkommenheit durch nichts Äußeres beeinträchtigt werden kann.

Ihr Glück und Ihre Zufriedenheit sind nicht mehr davon abhängig, dass Ihre Lebensumstände eine bestimmte Form haben.

Damit wird Freiheit möglich, denn Sie können brillant sein, ohne dass sich etwas in Ihrem Leben verändern müsste. Sie sind bereits ganz natürlich brillant darin, Leben zu sein. Ja, Ihr Leben ist perfekt, und nichts ist wirklich falsch. Sie haben nur der antrainierten Überzeugung geglaubt, dass etwas falsch sei. Und Ihr Verstand hat Ihnen geholfen, eine endlose Reihe von Möglichkeiten zu erfinden, wie Sie es reparieren könnten, damit Sie sich irgendwann in der Zukunft entspannen, das Leben genießen und glücklich sein können. Verrückt, nicht wahr? So viele Menschen verbringen ihr ganzes Leben damit, auf einen zukünftigen Augenblick zu warten, an dem sie Erfüllung erleben, wo doch Frieden, Liebe und Glück nur hier und jetzt in ihrem eigenen Sein zu finden sind. Sie warten und warten auf etwas, was es nur jetzt gibt!

Ihr Sein ist Ihnen näher als Ihr nächster Atemzug. Es wartet geduldig darauf, genossen und geliebt zu werden.

Zu den wundervollsten Aspekten des Ruhens im Sein gehört die Entdeckung, dass wir nicht von der Liebe getrennt sind und dass es für uns ganz natürlich ist, in Liebe zu leben …

In Liebe leben

Die fünfte innere Lehre

Eins sein mit der reinsten Kraft
auf diesem Planeten

Liebe ist die Essenz Ihres Seins. Ob Sie es glauben oder nicht: Liebe ist das, was wir *sind*. Sie ist nichts, was wir *bekommen*, weil wir etwas Bestimmtes getan haben, sondern eine innere Präsenz, die wir erleben, wenn wir jetzt wir selbst sind. Die Menge an erlebter Liebe hat nur sehr wenig damit zu tun, wie viel Zuwendung wir von anderen erhalten oder wie gut unsere Lebensumstände laufen. Eher im Gegenteil! Wir erleben Liebe, wenn wir in unserem Sein ruhen und im Hier und Jetzt offen dafür sind, Liebe in Hülle und Fülle zu verschenken. Die Menge an Liebe, die wir in einem Leben erfahren können, ist daher nach oben hin unbegrenzt.

Liebe ist absolut unendlich und allgegenwärtig

Bedingungslose Liebe ist die einzige Liebe, die es gibt. Liebe ist eine Erfahrung, die jenseits des Denkens stattfindet, denn sie hat nichts mit Erwartungen, Urteilen, Gründen, Rechtfertigungen, Bedingungen oder Zeit zu tun. Liebe ist vollkommen, allumfassend und vollständig und immer da.

Liebe ist wie Luft. Sie durchzieht Ihren gesamten Tag und existiert, selbst wenn Sie sich ihrer nicht bewusst sind. Und genau wie Luft fördert die Liebe das Leben, ohne dass sie irgendetwas dafür zurückwill.

Das Ausmaß an Liebe, das Sie erfahren, hängt vom Ausmaß an Liebe ab, die Sie verschenken. Beziehungen brechen in der Regel auseinander, wenn einer oder beide Beteiligten aufhören, Liebe zu schenken. Der wesentliche Faktor, der die Liebe begrenzt, sind die mentalen Bedingungen des »Liebenswert-Seins«, die Sie (unabsichtlich) an sich selbst, an andere und an das Leben stellen. Diese Bedingungen sind wie Reifen, durch die Menschen und Lebensumstände springen müssen, um sich Ihrer Liebe würdig zu erweisen.

Bedingungslos zu lieben bedeutet, sich voll und ganz auf den Augenblick einzulassen, in dem Sie leben.

»Ich werde mich lieben, wenn ich diese Zulassung erhalte«, oder: »Ich werde mich lieben, wenn ich diese Prüfung bestanden habe«, oder: »Ich werde mich lieben, wenn ich jemanden gefunden habe, der mich liebt ...« Bemerken Sie all die Gründe, die Sie unabsichtlich erfunden haben, um sich selbst nicht so zu lieben, wie Sie jetzt sind? »Ich liebe andere Menschen nur, wenn ich sie länger kenne, wenn sie sich als gute Menschen erwiesen haben, wenn sie lustig sind, wenn sie gut aussehen, wenn sie beliebt sind ...« Bemerken Sie all Ihre Gründe, andere Menschen nicht so zu lieben, wie sie sind? »Ich liebe mein Leben nur, wenn mein Kontostand besser ist, wenn ich einen anderen Job kriege, wenn meine Geschäfte gut laufen …« Bemerken Sie, wie all die Bedingungen, die Sie sich ausgedacht haben, die Liebe beschränken, die Sie genießen können?

Grenzenlos lieben lernen

Man braucht kein Genie zu sein, um zu erkennen, dass mehr Bedingungen zu weniger Genuss von Liebe führen und weniger Bedingungen die natürliche Erfahrung von mehr Liebe ermöglichen. Die gute Nachricht ist, dass all diese Bedingungen sowieso nur in unserem Denken existieren und wir unser Denken verändern und transzendieren können.

Lernen Sie, die Dinge perfekt zu lieben, statt zu versuchen, perfekte Dinge zu finden, die Sie lieben können.

Anthony De Mello schreibt: »*Wir sind nicht dazu da, um die Welt zu verändern; wir sind da, um die Welt zu lieben.*«

In diesem Satz liegt eine große Kraft. Mit wenigen Worten lenkt er die Aufmerksamkeit weg von unseren Versuchen, die äußere Welt unseren Vorstellungen anzupassen, und legt die Macht und die Verantwortung stattdessen in unsere eigenen Hände, besonders in unsere Bereitschaft, zu lernen, voll und ganz zu lieben. Ich möchte hinzufügen, dass wir auch nicht dazu da sind, uns selbst zu verändern, sondern uns selbst zu lieben – genau so, wie wir sind.

Lieben Sie sich selbst bedingungslos? Nutzen Sie das Tool »Liebesbarometer« (Nr. 22), um der Antwort auf diese Frage näher zu kommen.

Was wäre, wenn Sie einfach alle Bedingungen loslassen würden und zuließen, sich selbst voll und ganz zu lieben, so wie Sie sind – jetzt?

Sich selbst zu lieben ist eine Entscheidung, die Sie nur jetzt treffen können. Nicht wenn Sie dieses oder jenes geschafft haben, sondern jetzt! Lassen Sie sich selbst genug sein, genau so, wie Sie sind. Und auch Ihre Lebensumstände zu lieben ist eine Entscheidung, die Sie nur jetzt treffen können. Nicht wenn die Dinge anders, besser oder »perfekt« sind, sondern nur jetzt!

Echte, bedingungslose Liebe kennt keine Regeln, keine Ansprüche, keine Anrechte, keine Urteile, keine Erwartungen und keine Bedingungen. Dann lieben wir einfach uns selbst, andere, die Umstände, ohne dafür besondere Gründe zu brauchen. Wir lieben alles jetzt. In dem Augenblick, wo Gründe ins Spiel kommen, knüpfen wir Bedingungen an die Liebe. Um bedingungslos zu lieben, müssen wir alle logischen Gründe loslassen. Das Leben muss uns genau so, wie es jetzt ist, genügen.

Hören Sie auf, Menschen, Orte, Ereignisse oder Dinge zu lieben, »weil ...«. Lassen Sie sie sein, wie sie sind. Hören Sie auf, mit der Liebe zu warten, bis irgendetwas anders ist. Alles IST eben, und bedingungslose Liebe nimmt alles so an, wie es ist.

Vertrauen Sie darauf, dass Ihr Leben dazu da ist, Sie Liebe zu lehren. Alles in Ihrem derzeitigen Leben – und damit meine ich Ihren Beruf, Ihre Beziehungen, Ihre Finanzen und so weiter – ist perfekt darauf abgestimmt, Ihnen zu helfen, voll und ganz lieben zu lernen und damit den wundervollen Augenblick, in dem Sie sich befinden, voll und ganz anzunehmen.

Wenn Sie Ihre Zeit hier auf Erden lieben wollen – was ich annehme, da Sie dieses Buch lesen –, empfehle ich Ihnen, alle Bedingungen loszulassen.

Erforschen Sie spielerisch, wie es ist, den Menschen in Ihrem Leben ganz frisch und frei zu begegnen. Sehen Sie sie mit neuen

Augen. Lassen Sie alle vorgefassten Meinungen über Ihren Partner, Ihre Eltern und Verwandten, Ihre Freunde und Kollegen los. Begegnen Sie Ihnen einfach voll und ganz und schenken Sie ihnen Ihre ganze Aufmerksamkeit, als wenn Sie zum ersten und letzten Mal mit ihnen zusammen wären. Versuchen Sie nicht, die Begegnung auf irgendein spezifisches Ergebnis hin zu manipulieren. Seien Sie offen für das, was sich natürlich ergibt.

Tun Sie so, als gäbe es keine Vergangenheit, als hätten Sie keine Geschichte miteinander. Tun Sie so, als wären die Menschen in Ihrem Leben so, wie sie sind, vollkommen; sie wollen einfach glücklich sein, sich geliebt fühlen und in Frieden leben.

Ihre »Seelenaufgabe« besteht darin, Ihren Mitmenschen mit weniger Urteilen und Erwartungen entgegenzukommen. Warten Sie nicht darauf, dass jemand Sie liebt, bevor Sie ihn lieben. Sie könnten genau die Person im Leben dieses Menschen sein, der ihm zeigt, wie sich bedingungslose Liebe anfühlt. Seien Sie das Licht, das andere Menschen ins Herz führt.

Den Widerstand gegen die Liebe loslassen

Vielleicht spüren Sie einen gewissen Widerstand dagegen, sich selbst zu lieben. Falls dem so ist, können Sie diesen Widerstand bemerken, akzeptieren und loslassen in dem Wissen, dass es darum geht, Mensch zu *sein* und nicht Mensch zu *tun*. Sie müssen also nichts tun, um sich selbst zu lieben oder geliebt zu werden, außer Sie selbst zu sein. Genau so, wie Sie sind, sind Sie wundervoll, ohne dass Sie irgendetwas verändern müssten. Sie sind ein Wunder!

Bedingungslose Liebe macht Sie frei, Ihr Geschenk des Lebens zu genießen, ohne zu definieren (und damit zu beschränken), was dabei herauskommen soll. Sie öffnet Sie für die Erfahrung einer Fülle von Ebenen der Liebe, denn, wie bereits erwähnt, wir können mehr Liebe genießen, wenn wir mehr Liebe verschenken.

Beim Willkommenheißen des Neuen geht es nicht darum, mehr zu sein, zu tun oder zu haben, sondern um die Entwicklung von mehr aktueller Liebesfähigkeit für alle Dinge.

Was brauchen Sie, um sich entscheiden zu können, dass Ihr Leben so, wie es jetzt ist, gut genug ist, und um die Freude zu erleben, die auf solch eine lebensverändernde Entscheidung folgt? Wollen Sie warten, bis Sie mehr Geld haben, bis mehr Menschen Sie lieben oder bis Sie einen anderen Titel auf Ihre Visitenkarte schreiben können? Wollen Sie warten, bis Sie dieses Buch ausgelesen haben? Worauf warten Sie? Welche Bedingungen haben Sie daran geknüpft, mit sich selbst, mit anderen Menschen und mit Ihren Lebensumständen zufrieden sein zu können?

Was wäre, wenn Sie aufhörten zu warten und sich entscheiden würden, all die Schönheit zu bemerken und zu genießen, die Sie jetzt gerade umgibt? Was wäre, wenn Sie aufhören würden, über andere Zeiten nachzudenken, und sich stattdessen erlauben würden, mit dem wundervollen gegenwärtigen Augenblick zu verschmelzen? Was passiert, wenn Sie die Dinge einfach so lassen, wie sie sind?

Um das Neue wirklich anzunehmen, müssen Sie aus Ihrem Kopf gehen und sich auf den Augenblick einlassen. Lesen Sie diesen letzten Satz noch mal, denn er zählt zu den wichtigsten, die Sie bislang gelesen haben. Raus aus dem Kopf, rein in den Moment!

Wie? Hören Sie auf, sich mit Ihren bewertenden Gedanken zu beschäftigen! Hören Sie auf, Ihr Leben als gut oder schlecht, besser oder schlechter zu bewerten. Lassen Sie sich auf Ihre Sinneswahrnehmungen ein. Beachten Sie alles, was Sie in diesem kostbaren Augenblick sehen, hören, riechen und spüren. Was auch immer passiert – bemerken Sie es einfach, erfreuen Sie sich daran und machen Sie genau dasselbe mit dem nächsten Augenblick.

Wenn Sie das Neue wirklich annehmen, werden Sie fried-
voller, können besser auf Ihre innere Weisheit hören und
danach handeln. Ihre Reaktionen beruhen dann nicht auf
Prägungen aus der Vergangenheit oder auf zukunftsbe-
zogenen Ängsten. Stattdessen leben Sie authentisch und
entscheiden sich, wie Sie jetzt sein wollen.

Die Lösung für Probleme liegt innen

Der sicherste Weg, mehr Liebe in Ihrem Leben zu erfahren, besteht darin, die Liebe zu entdecken, die in Ihrem eigenen Herzen
wohnt. Es ist so wichtig, diese innere Quelle der Liebe zu erforschen, weil meiner Beobachtung nach das »Leben ohne Liebe«,
das heißt ein Leben ohne ein Bewusstsein dieser inneren Quelle
der Liebe, zu den Hauptursachen vieler körperlicher Symptome,
emotionaler Probleme und schwieriger Lebenssituationen gehört.

In den Hunderten von *Mind-Detox*-Sitzungen, die ich im
Lauf der Zeit gegeben habe, ist mir eine zentrale Überzeugung
in den Blick gestochen, die den Kern der meisten Probleme bildet: die Überzeugung, wir seien von der Quelle der Liebe getrennt und müssten daher etwas *tun,* um liebenswert zu *sein*
und Liebe zu »bekommen«. Diese meist früh im Leben entstan-
dene Überzeugung lässt uns im Außen nach Liebe suchen. Wir
meinen, wir müssten unsere Liebens-Würdigkeit beweisen, indem wir ein bestimmtes Aussehen haben oder ein bestimmtes
Verhalten aufweisen. Doch selbst wenn wir von außen Liebe
erhalten, sind wir oft enttäuscht. Nicht weil wir nicht geliebt
werden, sondern weil die »äußere« Liebe nie so unmittelbar und
erfüllend erlebt wird wie die Liebe aus dem eigenen Herzen.

> **»Einsamkeit wird nicht durch menschliche Gesell-**
> **schaft geheilt. Einsamkeit wird durch Kontakt**
> **mit der Wirklichkeit geheilt.«**

ANTHONY DE MELLO

Nach innen reisen zur Liebe

Wenn Sie wissen, dass Sie Liebe sind, verändert sich alles.

Reisen Sie nach innen, um die Quelle der Liebe zu finden, dann lösen sich Angst, Mangelempfinden, Begrenzungen und Einsamkeit einfach auf. Sie *brauchen* niemand anderen mehr, der Sie liebt. Sie sorgen sich weniger darum, was andere von Ihnen denken. Sie wissen, dass die Liebe nicht genommen werden kann. Deshalb lieben Sie mit offener Hand, ohne nach etwas zu greifen, ohne Anhaftung. Beziehungen werden geschätzt und erhalten den notwendigen Raum, sich zu entfalten.

Wenn Sie das Regelwerk der Voraussetzungen für Liebe weggeworfen haben, verbringen Sie Ihre Tage in Liebe mit jedem Menschen, dem Sie begegnen.

Ich sage »in Liebe«; damit meine ich keine romantische Liebe. Durch inneres Gewahrsein lernen Sie, in Ihrem Sein zu ruhen. Das ist Liebe. Damit leben Sie im Bewusstsein der wundervollen stillen Präsenz des Göttlichen, das Sie nie verlassen hat. Es wird deutlich, dass die Präsenz, die Sie erleben, Liebe ist: grenzenlose, reine, bedingungslose Liebe. Und noch wundervoller: Solange Sie ganz im Gewahrsein der Präsenz stiller Liebe ruhen, leben Sie frei.

Eine wundervolle Art zu leben

Jenseits des bedingten Denkens befinden Sie sich auch jenseits von Überzeugungen, Begrenzungen, Urteilen, Trennung, Problemen und jenseits von Vergangenheit und Zukunft. Sie sind gegenwärtig, friedvoll und erleben innere Vollkommenheit – hier und jetzt.

Mit staunendem Blick sehen Sie die Welt und heißen das Leben willkommen, wie auch immer es sich gerade zeigt. Sie setzen dem Leben keinen Widerstand mehr entgegen, wenn es nicht so kommt, wie es Ihrer Meinung nach sein sollte. Glück und Zufriedenheit entstehen auf ganz natürliche Weise. Sie sind erfüllt, denn Sie wissen, dass diesem Augenblick nichts fehlt. Lassen wir uns also niemals von unserem eigentlichen Daseinszweck ablenken: zu lernen, voll und ganz zu lieben.

In Liebe zu leben bedeutet, die Quelle der Liebe in sich selbst direkt zu erfahren. Das ist der Hauptschlüssel für das Tor zu Fülle, Freude und Frieden in Ihrem Leben und in der Welt. Es ist eine wundervolle Art zu leben. Sie erleben Ihr Selbst als ewig gegenwärtige und absolut unendliche Liebe.

Widerstand ist zwecklos

Die sechste innere Lehre

Alles geschieht, um Ihnen zu helfen

Wenn Sie die Dinge als Probleme betrachten, können Sie die Wunder nicht erkennen, die sich ständig ereignen. Und nicht nur das. Problemorientiertes Denken verlangsamt auch Ihre Evolution, mindert Ihre Freude und erzeugt unnötig Stress und Leiden.

> *Damit Sie Probleme loslassen, ist es erforderlich, anzuerkennen, dass nichts eine Bedeutung hat außer der Bedeutung, die Sie den Dingen geben. Das heißt, das Leben ist das, wofür Sie es halten.*

Unterlassen Sie das urteilende Denken, dann sind Menschen, Orte, Ereignisse und Dinge keine Probleme mehr. Sie können aufhören zu versuchen, dem Augenblick Ihren Willen aufzuzwingen, und eine freiere Lebensweise zulassen. Sie werden entdecken, wie sehr das Bestreben, das Leben Ihren Vorstellungen entsprechend zu manipulieren, Sie unfrei macht. Und umgekehrt: Je mehr Sie lernen, mit dem Leben – so, wie es ist – im Frieden zu sein, desto mehr Freiheit können Sie genießen.

Problem oder nicht?

Ob etwas ein Problem ist oder nicht, ist reine Ansichtssache.

Ein Mensch verliert seinen Job und reagiert mit Stress, Angst und Sorge. Ein anderer verliert seinen Job und erwägt freudig erregt die neuen Möglichkeiten, die sich daraus ergeben.

Worin liegt der Unterschied? Die äußeren Umstände gleichen sich, doch die innere Reaktion ist unterschiedlich. Ein Leben ohne Probleme ist möglich, sobald wir erkennen, dass Probleme nur durch die inneren Etiketten entstehen, die wir äußeren Ereignissen verleihen. Oder anders gesagt: Unsere Beziehung zu unserem Leben hängt von den Gedanken ab, die wir über unser Leben haben.

Sie können nicht alles kontrollieren, was geschieht, aber Sie können beeinflussen, wie Sie auf das reagieren, was geschieht.

Denken schafft Bedeutung

Eine Funktion unseres Denkens liegt darin, uns zu helfen, die Realität als sinnvoll zu erleben, indem es jedem Ereignis eine Bedeutung zuweist. Unser Denken ist wie ein Eisberg: Nur ein kleiner Teil davon ist für uns bewusst wahrnehmbar; der größte Teil liegt jenseits unserer Wahrnehmungsgrenze, in einem Reich des Geistes, das uns im Alltagsleben nicht bewusst ist: Im Unbewussten kommen zunächst alle Rohdaten unserer Sinneswahrnehmungen an und werden entsprechend unseren Überzeugungen, Werten, Denkmustern, vergangenen Erfahrungen und anderen Faktoren mit Bedeutung versehen. Nach diesem Filterprozess wird eine stark beeinflusste Version der Wirklichkeit in die bewusste Wahrnehmung weitergeleitet.

All dies erklärt, dass wir die Dinge nicht so wahrnehmen, wie sie sind, sondern mit einem von unserem Unterbewusstsein gefilterten Weltbild durchs Leben gehen.

Probleme sitzen im Denken, nicht im Moment

Es gibt den Spruch »Kein Denken – kein Problem«, denn ohne die wertende Meinungsbildung unseres Denkens ist alles einfach so, wie es ist. Es ist weder gut noch schlecht, weder richtig noch falsch, weder besser noch schlechter. Es *ist* einfach. Damit etwas zum Problem wird, muss es als schlecht, falsch oder schlechter *bewertet* werden.

Mit dem Tool »Das Urteilsspiel« (Nr. 23) können Sie erforschen, wie Sie Ihr Leben in Schubladen packen.

> *Die Menschen, Orte, Ereignisse und Dinge, die Sie als Probleme wahrnehmen, sind nicht das eigentliche Problem. Das eigentliche Problem besteht darin, dass Sie den wunderbaren Augenblick verlassen, das Geschehen als falsch bewerten und Widerstand leisten gegenüber allem, was nicht so ist, wie Sie es gern hätten.*

Jenseits der bewertenden Meinungen unseres konditionierten Denkens erwartet uns eine immense Freiheit. Wir können dort entdecken, dass die Handlungen, andere Menschen und die Umstände, mit denen wir konfrontiert werden, letztlich neutral sind – weder gut noch schlecht. Vielmehr bestimmen letztlich unsere mentalen Interpretationen des Lebens sowie die daraus resultierende Entscheidung für Widerstand oder Akzeptanz, ob etwas ein Problem ist oder nicht.

Es gibt einen Unterscheid zwischen dem, was tatsächlich passiert, und dem, was Sie meinen, was passiert. Was Sie über das Leben denken, ist nur Ihre Meinung.

Sobald Sie das wirklich begreifen, können Sie wählen, ob Sie das Leben als negativ bewerten und folglich Leiden erleben wollen oder ob Sie das Urteilen unterlassen und den Frieden genießen, der entsteht, wenn wir uns dem Leben aus einer »erleuchteteren« Perspektive zuwenden.

Widerstand gegenüber dem Leben bedeutet Widerstand gegenüber Wundern

Sobald Sie aufhören, dem, was ist, Widerstand zu leisten, und den Augenblick, in dem Sie sich befinden, wirklich annehmen, beginnen alle Ihre scheinbaren Probleme, Ihnen zu helfen.

Alles, was Tag für Tag geschieht, soll Ihnen helfen, vorwärtszukommen und das Leben zu erschaffen, das Sie sich wünschen! Zugegeben, das ist nicht immer offensichtlich. Aber wenn Sie Ihre Wertungen lange genug hintanstellen, werden Sie erkennen, wie wundersam das Leben immer ist. Sind Sie offen dafür, dann können Sie entdecken, dass Ihnen alles, was im Leben geschieht, die Richtung weist auf das, was Sie lieben lernen müssen, um Ihren größten Herzenswunsch zu erleben.

Dem, was geschieht, Widerstand zu leisten, bedeutet, sich genau gegen das zu wehren, was Sie brauchen, um das Gewünschte zu bekommen.

Stress, Schmerz und negative Gefühle entstehen durch Widerstand gegen das, was ist. Sobald Sie den Widerstand aufgeben und zu akzeptieren beginnen, was ist, werden die durch den

Widerstand entstandenen Blockaden aufgelöst und Kreativität und Mitgefühl können fließen und Ihrem freudvollen Selbst ans Tageslicht helfen. Die Tools »Lösungen finden« (Nr. 24), »Situations-Reframing« (Nr. 25), »Quanten-Denken« (Nr. 26) und »Loslassen« (Nr. 27) können Ihnen helfen, im Umgang mit Ihren vermeintlichen Problemen kreativere Wege zu erforschen.

> *Wenn Sie ein Problem haben, können Sie sich fragen:*
> *»Was bewerte ich und wem leiste ich Widerstand?«*

Alle Probleme sind das direkte Ergebnis der Beurteilung, ob die Dinge so sind, wie wir meinen, dass sie sein sollten, oder nicht. Denn solange wir beurteilen, eröffnen wir die Möglichkeit, bestimmte Dinge als »schlecht« abzutun. Das kann dazu führen, dass wir dem, was wir als »schlecht« beurteilt haben, Widerstand entgegensetzen, woraus Stress entsteht.

Wollen Sie Ihre Probleme ein für alle Mal loslassen, empfehle ich Ihnen, damit aufzuhören, Menschen, Orte, Ereignisse oder Dinge als gut oder schlecht zu bewerten, und stattdessen alles so zu akzeptieren, wie es ist.

> *Urteile entstehen durch Erwartungen dahingehend, wie*
> *etwas sein sollte. Erwartungen beruhen auf der Vergan-*
> *genheit oder der Zukunft. Was wäre, wenn Sie Ihre Erwar-*
> *tungen loslassen würden, wenn Sie sich erlauben würden,*
> *nicht mehr gegen das, was ist, anzukämpfen und alles*
> *jetzt anzunehmen?*

Um den gegenwärtigen Augenblick als gut oder schlecht zu bewerten, müssen Sie in die Vergangenheit oder Zukunft gehen, denn nur dort finden Sie einen Bezugspunkt für Ihr Urteil. Damit verpassen Sie diesen wundervollen Augenblick und die in ihm liegende Freude. Selbst wenn Sie diesen Moment als gut bewerten, versäumen Sie noch die Freude, denn das Bewerten findet im Denken statt und das Denken kann keine echte Freude erleben.

Wie gesagt: Freude findet außerhalb des Kopfes statt, in der direkten Erfahrung des gegenwärtigen Augenblicks.

Verantwortungsbewusst urteilen

Falls Sie sich doch entscheiden, etwas zu bewerten, können Sie dies verantwortungsbewusst tun. Vermeiden Sie verallgemeinernde Aussagen darüber, wie die Dinge sind. Stellen Sie lieber klar, dass es sich dabei um Ihre persönliche Meinung handelt, also um nicht mehr als Ihre eigene Interpretation. Vermeiden Sie zum Beispiel, zu sagen, der Kaffee in jenem Lokal sei schlecht; sagen Sie lieber, dass Sie einen anderen Kaffeegeschmack bevorzugen. Genauso ist Ihr Chef nicht fies; allerdings würden Sie bei ihm ein anderes Verhalten bevorzugen.

Indem Sie die Verantwortung für Ihre Bewertungen übernehmen, reduzieren Sie Ihren Widerstand gegen das, was ist. Sie sind sich bewusst, dass Ihre Bewertungen einfach Ihre Meinung widerspiegeln; sie bedeuten nicht, dass alle anderen genauso denken *sollten* oder die Dinge so sein *müssten*. Sie erkennen auch an, dass *Sie* der einzige Mensch sind, der daran etwas ändern kann, weil es *Ihre* Bewertungen sind; dass Sie auf der Stelle alles Leiden beenden können, das entstanden ist, weil die Dinge anders sind, als es Ihren Vorstellungen entspricht. Stattdessen können Sie Entscheidungen treffen und etwas tun, das auf Ihre Vorlieben ausgerichtet ist, und gleichzeitig offen dafür bleiben, ob das, was geschieht, gut oder schlecht ist.

Gut oder schlecht – wer weiß?!

Es war einmal ein weiser alter Mann, der hatte ein schönes Pferd. Eines Tages brach das Pferd aus und lief weg. Ein Nachbar hörte davon und sagte: »Wie furchtbar, dass dir das Pferd weggelaufen ist!« Doch der Mann erwiderte: »Gut oder schlecht – wer weiß?!«

Eine Woche später kam das Pferd des Mannes zurück und brachte wundersamerweise eine ganze Herde Wildpferde mit. Der Nachbar bewunderte den Anblick und meinte: »Wie großartig, jetzt hast du eine ganze Herde Pferde!«

»Gut oder schlecht – wer weiß?!«, antwortete der Mann jedoch nur.

Ein paar Tage später wurde der Sohn des Mannes bei dem Versuch, die Pferde einzureiten, abgeworfen und brach sich das Bein. Der Nachbar meinte bedauernd: »Ach, wie schrecklich, dass dein Sohn sich das Bein gebrochen hat!« Doch der alte Mann blieb bei seiner Antwort: »Gut oder schlecht – wer weiß?!«

Zwei Wochen später kamen Soldaten in die Gegend. Es war ein Krieg ausgebrochen und sie hatten den Auftrag, alle jungen Männer als Soldaten einzuziehen. Der Sohn blieb jedoch verschont, weil er wegen seiner Verletzung nicht laufen konnte. Und ja, Sie ahnen es schon, auch dieses Geschehen kommentierte der alte Weise mit offenem Geist: »Gut oder schlecht – wer weiß das schon?!«

Ich liebe diese Parabel, weil Sie so schön zeigt, worum es in diesem Kapitel geht. Was auch immer geschieht, wir können nicht wissen, ob es Gutes oder Schlechtes bewirken wird. Wenn wir geduldig sind, können wir im Rückblick oft erkennen, dass es das Beste war, was uns passieren konnte. Oder anders gesagt: Wunder geschehen ständig, selbst wenn wir sie nicht als solche erkennen.

Um diesen Ansatz auf Dinge anzuwenden, die Sie in der Vergangenheit als Probleme betrachtet haben, empfehle ich Ihnen das Tool »Rückblick hilft« (Nr. 28).

>>Manchmal ist es ein großes Glück,
nicht zu bekommen,
wonach man so dringend verlangt.<<

DALAI LAMA

Zeig dich!

Eine der kraftvollsten Affirmationen für ein problemfreies Leben lautet einfach: »Zeig dich!« Dieser Satz funktioniert so gut, weil er ein Denken fördert, das genau das Gegenteil von Widerstand ist.

> *»Zeig dich!« ist ein kraftvolles Gegengift für jedes Problem.*

Die negative Emotion der Angst ist beispielsweise ein Problem, das viele Menschen davon abhält, sich für das einzusetzen, was sie gern hätten. Damit Angst zum Problem wird, ist jedoch Widerstand nötig. Oder anders gesagt: Nur wenn wir sie nicht fühlen wollen, hat die Angst Macht über uns. Wenn wir zur Angst sagen: »Zeig dich!«, verliert sie ihre Kraft.

Indem ich persönlich zu einem angstvollen Gefühl sage: »Zeig dich!«, erlebe ich, dass es sich sofort in eine belebende Energie verwandelt, in eine innere Kraft, die ich nutzen kann, um wachsamer und konzentrierter zu sein und geschickter zu handeln, als ich es sonst tun würde.

Angst war einst ein Riesenproblem für mich, doch heute betrachte ich sie als meine Freundin und nicht als meine Feindin. Sie können das mit dem Tool »Angstfreiheit« (Nr. 29) selbst erforschen.

> *Sie können die Dinge so akzeptieren, wie sie sind, ohne ihnen Widerstand entgegenzusetzen, und trotzdem etwas tun, um sie in der Richtung zu beeinflussen, die Ihnen angenehm ist.*

Der Unterschied liegt darin, dass mit der Akzeptanz der Widerstand aufhört und die Situation damit nicht mehr als Problem erlebt wird. Sobald Sie für Ihre Urteile die Verantwortung übernehmen und akzeptieren, dass alles Leiden durch Ihren Widerstand erzeugt wird, werden Sie feststellen, dass Ihre Freude am Leben nicht von Ihrem Kontostand, Ihren Beziehungen oder Ihrer Arbeit abhängt. Ihre Freude hat vielmehr damit zu tun, wie Sie akzeptieren, was jetzt passiert.

Der »Benefit« des Problems

Zu den größten Hindernissen gegen das Loslassen von Problemen gehören die Vorteile, die wir von ihnen haben. Um aufzuhören, etwas zu Problemen zu machen, müssen wir uns bewusst machen, was wir bislang davon hatten, dass sie ein Problem waren.

> *Ernten Sie den »Benefit«, den es bringt, von Ihren Problemen gelangweilt zu sein.*

Überlegen Sie in Bezug auf jedes Problem: *»Was tue ich, was mir gefällt und was ich nicht mehr tun könnte, nachdem das Problem verschwunden ist? Was tue ich nicht, was ich tun müsste, wenn ich das Problem losließe? Bietet mir das Problem Gesprächsstoff mit meiner Familie oder meinen Freunden? Wenn ich mit anderen über das Problem rede, erhalte ich dann Liebe, Unterstützung, guten Rat?«*

> *Probleme können dem Leben Sinn und Zweck verleihen, können den Tag füllen, Gesprächsstoff liefern und eine Aufgabe darstellen. Probleme loszulassen kann eine Lücke erzeugen …*

Erforschen Sie: Was würde geschehen, wenn all Ihre Probleme weg wären und Sie nichts mehr lösen müssten? Was würden Sie mit Ihrem Tag anfangen, wenn alles perfekt wäre, wenn *Sie* perfekt wären? Worüber würden Sie reden? Was würden Sie tun?

Halten Sie inne! Nehmen Sie sich Zeit, so lange Sie brauchen, um eine der wichtigsten Fragen zu beantworten, die Sie sich je stellen können: »*Was würde ich tun, wenn ich überhaupt keine Probleme hätte?*« Ihre Antwort kann entscheidend sein dafür, ob Sie den Rest Ihres Lebens Probleme erzeugen oder ob Sie sich entscheiden, nicht länger mit der Illusion von Problemen zu leben und stattdessen von nun an eine problemfreie Existenz zu führen.

> *Wenn Sie das Neue annehmen, werden Sie feststellen, dass es keine Lücke gibt, die gefüllt werden müsste, denn die Lücke ist jetzt. Indem Sie Ihre Aufmerksamkeit auf diesen Augenblick richten, sind Sie erfüllt.*

Das Leben ist jetzt. Sie erzeugen Ihr Leben in jedem Augenblick. Wenn Sie ein Problem haben, haben Sie es jetzt erzeugt, indem Sie daran gedacht haben. Falls Sie immer noch das Problem haben, das Sie gerade eben hatten, haben Sie es in diesem Augenblick erneut erschaffen. Und ja, Sie haben richtig geraten: Sollten Sie jetzt immer noch das Problem haben, das Sie vor drei Momenten hatten, haben Sie es wieder erschaffen!

Warum kreieren Sie immer wieder Probleme? Sie können dieser Frage mithilfe des »Verborgener Nutzen«-Tools (Nr. 30) nachgehen. Vielleicht haben Sie nicht gelernt, was Sie lernen müssen, um sie alle zu überwinden? Sie können natürlich noch Jahre mit dem Versuch verbringen, all das herauszufinden, was Sie wissen müssen, um jedes Problem zu lösen. Oder Sie können aufhören, etwas als Problem zu betrachten; Ihre Lebensumstände bleiben dann vielleicht noch dieselben, aber sie sind kein Problem mehr. Betrachten Sie etwas erneut als Problem, dann gehen Sie wieder in Widerstand und haben wieder Probleme. So einfach ist das.

Eine problemfreie Existenz wählen

Sie haben in jedem Augenblick die Macht, Probleme zu erschaffen und Probleme verschwinden zu lassen.
Lassen Sie also Ihre Probleme los. Akzeptieren Sie, was ist, und handeln Sie entsprechend Ihren Wünschen.

Keine äußere Person und kein Ereignis hat von Natur aus die Macht, unsere innere Erfahrung des Lebens negativ zu beeinflussen. Doch unser konditioniertes Denken kann versuchen, uns etwas anderes weiszumachen. Nicht was geschehen ist, derzeit geschieht oder geschehen wird, erzeugt unsere inneren Gefühle, sondern unser inneres Denken über das äußere Leben. Die Wahrheit lautet: Es ist möglich, unser Bewusstsein auf ein Niveau zu heben, in dem wir nichts mehr als Problem erleben.

Wenn Sie auf eine bewusstere Art leben, können Sie sich aktiv entscheiden, welche Bedeutung Sie den Ereignissen Ihres Lebens geben wollen. Denken Sie daran: Ereignisse sind einfach Ereignisse, sie sind weder gut noch schlecht; sie haben keinen Einfluss auf Ihr Befinden, es sei denn, Sie *denken*, es seien Probleme.

Statt den Ereignissen unbewusst eine Bedeutung zu verleihen, können Sie bewusst eine Bedeutung wählen. Das hat weitreichende Konsequenzen, weil damit die Umstände Ihres Lebens keinen Einfluss mehr auf Ihre Lebensfreude haben.

Die Bedeutung, die Sie den Ereignissen verleihen, entscheidet darüber, ob Sie ein freudvolles Leben haben oder ein leidvolles.

Beim Loslassen von Problemen geht es nicht darum, die Realität zu leugnen, sondern anzuerkennen, dass Sie Ihre eigene Version der Wirklichkeit erschaffen. Wenn Sie keine Probleme mehr haben wollen, können Sie sich entscheiden, sich eine problemfreie

Wirklichkeit zu erschaffen. Wenn Dinge Ihre Aufmerksamkeit erfordern, können Sie sich ihnen zuwenden. Sie können hier und jetzt Entscheidungen treffen, die mit Ihren Wünschen im Einklang stehen, und dann zum nächsten neuen Augenblick übergehen … und zum nächsten. Auf diese Weise leben Sie im bewussten Einklang mit Ihrer Evolution.

Akzeptanz beschleunigt die Evolution

Soll das Leben nur so ablaufen, wie Sie es für richtig halten, dann hindern Sie es daran, andere Möglichkeiten zu entfalten. Um sich evolutionär zu entwickeln, müssen Sie jedoch offen dafür sein, etwas zu *sein,* was Sie noch nie waren …, etwas zu *erfahren,* was Sie noch nie erfahren haben …, etwas zu *tun,* was Sie noch nie getan haben. Indem Sie gegen das Geschehen Widerstand leisten, weil es nicht das ist, was Ihrer Meinung nach geschehen sollte, halten Sie an der Vergangenheit fest oder fürchten die Zukunft. Akzeptieren Sie das Leben, unabhängig davon, in welche Richtung es läuft, dann können Sie mit den Ereignissen – so, wie sie geschehen – effizient, effektiv und mühelos wachsen, umgehen und sie erforschen.

Wenn Sie aufhören, zu bewerten und Widerstand zu leisten, macht das Leben Freude. Sie ärgern sich nicht, weil es nichts gibt, was Sie ärgert. Sie grollen nicht und Sie brauchen nichts zu vergeben, weil es nichts zu vergeben gibt. Sie fühlen sich nicht schuldig, denn es gibt nichts, weshalb Sie sich schuldig fühlen könnten. Sie sind nicht frustriert, erleben keine Verletzungen und keinen Stress. Sie sind dankbar für das, was geschieht, denn es hilft Ihnen, zu wachsen und »erleuchteter« zu werden. Sie hören auf, gegen den Strom zu schwimmen. Sie lassen den Wundern freien Lauf.

Lassen Sie sich auf den Lauf des Lebens ein, indem Sie Ihre Evolution feiern!

Keine faulen Kompromisse

Die siebente innere Lehre

Heldenhaft dem eigenen Herzen folgen

Haben Sie den Mut, sich von Ihrem eigenen Herzen **führen zu lassen – es führt zu einem wundervollen Leben ohne faule Kompromisse.** Entscheidungen oder Handlungen aus Angst oder Verpflichtung führen hingegen leicht zu Erschöpfung, Frustration und Groll und verhindern in direkter Konsequenz, dass gute Dinge in Ihr Leben kommen. Der Trick besteht darin, den Unterschied zwischen hilfreichen und schädlichen Kompromissen zu kennen, und dann heldenhaft zu sein, zu tun und zu haben, was Ihr Herz jubeln lässt.

Ein Leben ohne Kompromisse ist ein Leben in Freiheit.

Schädliche Kompromisse

Manche Kompromisse sind hilfreich, weil sie Gelegenheiten bieten, unsere egoistischen Wünsche aufzugeben. Damit meine ich, dass hilfreiche Kompromisse uns ermöglichen, über die Grenzen unserer mentalen Konditionierungen hinauszuwachsen und unerwartete Lebenserfahrungen zu machen, die für die Seele sehr belebend sein können.

Doch es gibt auch eine Art von Kompromiss, der die Seele zerstören kann. Ungesunde Kompromisse entstehen, indem unser Sein, Tun oder Haben dauerhaft mit dem im Konflikt steht, was unser Herz als das Beste erachtet. Anders gesagt: Schädliche Kompromisse entstehen, indem wir etwas tun, obwohl wir wissen, dass etwas nicht richtig oder gut für uns ist.

Schädliche Kompromisse erzeugen innere Konflikte, die unseren Frieden untergraben und unsere Freude unterdrücken.

Kopf-Herz-Konflikte

Kompromisse bewirken, dass wir uns mit wenig zufriedengeben und der Illusion anhängen, wir könnten nicht haben, was wir uns letztlich wünschen.

Falls wir unser Herz ignorieren, indem wir uns zu sehr auf unseren Kopf verlassen, sehen wir auf die Dauer lauter Probleme und verhindern Wunder.

In Ihrem Herzen gibt es eine innere Weisheit, die Sie führen kann, wenn Sie es zulassen.

Intellektuelle Überzeugungskraft ist dem tiefen unmittelbaren Wissen des Herzens immer unterlegen. Das bedeutet, Ihr Herz lässt sich nicht täuschen, selbst wenn Sie es noch so sehr zu überreden versuchen. Daher lade ich Sie ein, sich heldenhaft der Frage zu stellen:

Wo gehe ich in meinem Leben Kompromisse ein?

Diese Frage ist so bedeutsam, weil sie alle Bereiche hervorhebt, in denen Ihr Leben nicht im Einklang mit Ihrem Herzen ist. Sobald Sie sich diese Frage stellen, werden Sie merken, dass Sie sofort wissen, wo Sie mit Kompromissen leben.

Wie war es also eben, als Sie die Frage gelesen haben? Sprang Ihnen sofort ein bestimmter Lebensbereich oder eine bestimmte Beziehung in den Sinn? Oder vielleicht ein bestimmtes Ess- oder Trinkverhalten? Egal, was Ihnen eingefallen ist: Es geht bei dieser Frage nicht darum, dass Sie sich jetzt deshalb fertigmachen; sie bietet Ihnen vielmehr eine Chance, sich aufzumuntern, indem Sie sich wieder mit Ihrem Herzen verbinden und erforschen, wie Sie die schädlichen Kompromisse aus Ihrem Leben entfernen können.

Die Erlaubnis, sich selbst an die erste Stelle zu setzen

Bedenken Sie: Wie können Sie jemandem helfen, gesund zu werden, wenn Sie selbst nicht gesund sind? Wie können Sie jemandem helfen, inneren Frieden zu finden, solange Sie selbst nicht im Frieden sind? Und wie können Sie anderen helfen, Zufriedenheit zu finden, während Sie unzufrieden sind?

Authentisch zu leben bedeutet, sich selbst an die erste Stelle zu setzen. Wenn Sie authentisch sind, sind Sie in Harmonie mit sich selbst und Ihrer Umgebung. Dann tun Sie nichts aus Verpflichtung, was Sie eigentlich lieber nicht tun würden. Dann sind Sie im Frieden, weil es keine inneren Konflikte gibt. Und ohne innere Konflikte sind Sie offen dafür, den Wundern in Ihrem Leben freien Lauf zu lassen. Sie bitten um das, was Sie sich wünschen; Sie richten sich darauf aus und geben anderen Menschen die Freiheit, das Gleiche zu tun. Sie treffen Entscheidungen und handeln im Sinne dessen, was sich für Sie richtig anfühlt.

Mithilfe des »Verpflichtungen einhalten«-Tools (Nr. 31) können Sie herausfinden, wo Sie in Ihrem Leben etwas tun, weil Sie sich dazu verpflichtet fühlen.

Sich selbst wichtig nehmen ist nicht selbstsüchtig

»*Tu dir einen Gefallen, indem du jemand anderem einen tust*« gehört zu den besten Ratschlägen, die mir mein spiritueller Lehrer je gegeben hat. Ich habe ihn mit Körper, Herz, Verstand und Seele angewandt und festgestellt, dass eine dienende Haltung zu den schnellsten Wegen der Evolution und der ewigen Freude gehört.

Jemandem zu helfen, ohne etwas dafür zu erwarten, lohnt sich unmittelbar. Man fühlt sich schlicht und einfach fantastisch dabei. Es hilft, das Denken außen vor zu lassen und aus der Liebe zu leben. Ich tue, was ich tue, nicht aus Verpflichtung, sondern aus Freude. Meine Entscheidungen für ein bestimmtes Verhalten beruhen auf einer liebevollen Absicht und nicht auf Verpflichtung.

Wenn Sie sich selbst am wichtigsten nehmen, lieben Sie sich bedingungslos. Dann suchen Sie nicht mehr im Außen nach Bestätigung oder versuchen andere davon zu überzeugen, dass Sie gut genug sind, geliebt zu werden. Dann streben Sie nicht nach Besitz und Macht, um Ihre Existenz zu rechtfertigen oder Eindruck zu schinden. Dann müssen Sie sich nicht als jemand Bedeutendes präsentieren oder zeigen, wie klug Sie sind. Stattdessen sind Sie friedvoll und fähig, auf Ihre innere Weisheit zu hören und ihr zu folgen. Sie erfreuen sich äußerst liebevoller Beziehungen, weil Sie sich nicht mehr verkaufen müssen. Sie fangen an, Sie selbst zu sein, und ziehen dadurch Menschen in Ihr Leben, die Sie so lieben, wie Sie sind. Sie fürchten sich nicht davor, was andere über Sie denken oder was in Ihrem Leben passieren könnte, weil Sie sich nicht mit äußeren Faktoren identifizieren. Sie respektieren sich selbst und andere und die Welt, in der Sie leben, auf ganz natürliche Weise.

Seien Sie und tun Sie, was Sie lieben!

Um die Neigung zu schädlichen Kompromissen auszuräumen, empfiehlt es sich, um das zu bitten, was Sie wollen, und sich nie verpflichtet zu fühlen, etwas zu sein, zu tun oder zu haben, mit dem das eigene Herz nicht einverstanden ist. Stellen Sie sich selbst an die erste Stelle. Vielleicht müssen Sie sich das erst erlauben. Falls Sie Widerstand dagegen spüren, können Sie ihn bemerken, akzeptieren und bereit sein, ihn loszulassen. Fassen Sie Mut, »Nein« zu sagen zu etwas, das Sie nicht wollen. Tun Sie stattdessen etwas, das Sie so begeistert, dass Sie darüber die Zeit vergessen. Malen Sie, singen Sie, tanzen Sie!

Sagen Sie »Ja« dazu, all das zu sein, zu tun und zu haben, was Ihr Herz jubeln lässt!

Hochschätzung hat Priorität

Die achte innere Lehre

Die Macht des Lobpreisens
ist stärker als alle Probleme

Hochschätzung ist ein Schlüssel für eine Schatzkiste voll wundervoller Gaben, die bereits in Ihrem Leben sind. Welche Form Ihr Leben auch haben mag, es ist *Ihr Leben*. Ohne es wären Sie tot. Grund genug, es voll und ganz anzunehmen!

Sie sind am Leben. Nehmen Sie Ihr Geschenk des Lebens mit offenen Armen in Empfang und seien Sie für jeden Augenblick dankbar. Ohne diese Akzeptanz verschließen Sie sich gegenüber all den Wundern, die dieses Universum unablässig verströmt.

Bemerken, schätzen und genießen Sie, was Sie bereits haben, um Ihren wahren Wohlstand anzunehmen.

Der Fokus auf das, was Sie *nicht* sind, *nicht* können und *nicht* haben, führt zu einem unerleuchteten Leben in Leiden und Mangel, in dem Sie Ihre Tage damit verbringen, anders sein zu wollen, mehr haben zu wollen. Stattdessen können Sie sich entscheiden, hochschätzend zu leben.

Hochschätzung ist stärker als Probleme

Eine hochschätzende Haltung ist das ultimative Gegengift gegen Probleme. Mit Hochschätzung meine ich eine natürliche Dankbarkeit dafür, am Leben zu sein. Sie können sich in jedem Augenblick dafür entscheiden. Ganz egal, was gerade passiert – es ist immer möglich, es sich zur Priorität zu machen, in einer Haltung der Hochschätzung zu leben statt in einem Zustand der Kritik.

Ich will es Ihnen beweisen. Wo auch immer Sie sein mögen, während Sie diese Worte lesen: Ich bitte Sie, innezuhalten und sich umzuschauen. Finden Sie dabei bitte etwas, was Sie *nicht* mögen. (Ich weiß, es ist nicht besonders positiv, Sie darum zu bitten, aber vertrauen Sie mir bitte, ich will auf etwas hinaus.) Versuchen Sie, etwas zu finden, das Sie in Ihrem gegenwärtigen Umfeld nicht mögen. Sobald Sie es gefunden haben, nehmen Sie sich bitte ein paar Momente Zeit, aktiv kritische Gedanken darüber zu denken. Vielleicht bemerken Sie einen Fleck auf dem Teppich, einen Stapel dreckiger Wäsche, um die sich jemand kümmern müsste, oder Sie hören Musik von Ihrem Nachbarn, die Ihnen nicht gefällt. Finden Sie etwas und nehmen Sie sich einen Moment Zeit für kritische Gedanken darüber. Achten Sie darauf, was dabei in Ihrem Körper passiert.

Alle Menschen, mit denen ich bislang diese Übung gemacht habe, erlebten dabei eine Schwere oder Anspannung im Körper und beschrieben Gefühle, von denen sie ziemlich heruntergezogen wurden.

Jetzt möchte ich Sie bitten, an genau derselben Sache, über die Sie gerade negativ gedacht haben, etwas zu finden, was Sie wertschätzen können. Ja, vielleicht müssen Sie dafür tief schürfen und kreativ werden, aber ich bitte Sie nichtsdestotrotz, jetzt ein paar Augenblicke lang aktiv positive und hochschätzende Gedanken über diese Sache zu denken. Sie könnten zum Beispiel wertschätzen, dass Ihnen Ihr Teppich die Füße wärmt, dass Sie über Kleidung verfügen oder dass Ihr Gehör so gut ist.

Achten Sie dabei ebenso darauf, was in Ihrem Körper passiert. Wenn Sie wirklich über die vorherigen negativen Kommentare hinauswachsen und sich auf das konzentrieren, was Sie wertschätzen können, werden Sie eine innere Veränderung bemerken.

Sooft ich diese Übung in Gruppen durchführe, höre ich an dieser Stelle, dass sich die Leute leichter, offener und weiter fühlen. Insgesamt wird eine hochschätzende Haltung im Gegensatz zu Kritik als eine aufwärts gerichtete emotionale Erfahrung beschrieben.

Der Punkt dabei ist: Ihre Stimmung hat sich verbessert, ohne dass sich die Sache, die Sie anfangs kritisiert haben, im Geringsten verändert hat; Ihre Erfahrung hat sich einfach durch die Macht der Wertschätzung geändert. Um das auf Ihr eigenes Leben anzuwenden, können Sie das Tool »Entscheidung für Hochschätzung« (Nr. 32) zu Hilfe nehmen.

Problemfreiheit ist eine Frage der Entscheidung

Dieses einfache Wertschätzungs-Spiel zeigt eine befreiende Möglichkeit auf, Probleme ein für alle Mal loszuwerden. Es beweist, dass unsere emotionale Erfahrung des Lebens letztlich von unserer eigenen Entscheidung abhängt. Mit »Erfahrung des Lebens« meine ich nicht die äußeren Ereignisse, über die wir ja oft keine direkte Kontrolle haben. Ihre innere Lebenserfahrung kann jedoch immer positiv sein, sofern Sie sich entscheiden, Wertschätzung zu einer Priorität zu machen.

Nehmen Sie sich einen Moment Zeit, zu erwägen, welche Konsequenzen das hätte. Ihre äußeren Lebensumstände hätten keine Macht mehr darüber, wie Sie sich innerlich fühlen.

Freiheit entsteht, wenn wir innerlich unabhängig sind von dem, was passiert. Sollten Sie versuchen, Ihr Leben so zu steuern und zu kontrollieren, dass es genau so aussieht, wie es Ihres Erachtens aussehen sollte, dann sind Sie nicht frei. Im Gegenteil: Ihre emotionale Lebenserfahrung wird von äußeren Kräften bestimmt sein, denn Ihre Stimmung wird steigen und fallen – entsprechend Ihren Gedanken über das Wetter Ihrer Lebensumstände. Die Wahrheit ist: Sie können nur frei sein, wenn Sie lernen, das Leben so zu lassen, wie es ist. Sie brauchen nicht darauf zu warten, dass sich Ihre Lebensumstände verbessern, um Ihren größten Herzenswunsch zu erleben. Sie können hier und jetzt glücklich sein!

Die Macht der Wertschätzung kann Sie in einen Zustand der freudvollen Existenz versetzen, in dem Sie mühelos von einem Augenblick zum nächsten gleiten und die Reise genießen.

Positiver Fokus macht stark

Die neunte innere Lehre

Wir sind geborene Wunderwirker

Sie sind bereits fähig, Wunder zu bewirken. Es vergeht kein Augenblick, in dem Sie nicht bereits wie von Zauberhand genau jenes in Ihr Leben ziehen, worauf Sie Ihre Aufmerksamkeit richten. Sie tun das ganz natürlich und die ganze Zeit, häufig ohne es zu bemerken.

Halten Sie einen Moment inne und denken Sie über Ihre gegenwärtige Lebenssituation nach: Sie werden bemerken, dass Ihr Leben die physische Manifestation Ihrer Gedanken der letzten Tage, Wochen, Monate oder Jahre ist. Ihre Beziehungen, Ihr Beruf, Ihre Finanzen, Ihre Gesundheit und Ihre Zufriedenheit spiegeln alle die Ausrichtung Ihrer Aufmerksamkeit wider.

Viele Menschen richten aus Gewohnheit ihre Aufmerksamkeit auf etwas, was sie nicht haben oder nicht wollen, statt darauf zu achten, was sie bereits haben und was sie möchten. Da wir uns auf das zubewegen, worauf wir uns am meisten konzentrieren, erschaffen wir auf diese Weise früher oder später eben jenes, was wir *nicht* wollen!

Vielleicht machen Sie sich Sorgen um Ihre Finanzen, fühlen sich einsam oder leiden unter Verantwortlichkeiten. Vielleicht denken Sie viel über schwierige familiäre Beziehungen nach oder über Ihren Job, der Ihnen keine Freude mehr bereitet. Was auch immer es sein mag: Solange Sie sich auf etwas konzentrieren, das Sie *nicht* wollen, erschaffen Sie genau das: etwas, das Sie nicht wollen.

Falls Sie sich nicht daran erfreuen, wie wundervoll Sie selbst, andere Menschen und die Welt sind, dann tun Sie gut daran, Ihren Fokus zu ändern. Machen Sie sich bewusst, worauf Ihre Aufmerksamkeit gerichtet ist, und fragen Sie sich: Was will ich?

Was Sie nicht wollen	Was Sie wollen
Konflikte	Frieden
Mangel	Fülle
Unvollkommenheit	Vollkommenheit
Angst	Mut
Lieblosigkeit	Liebe
Ungewissheit	Sicherheit
Schuldgefühle	Selbstakzeptanz
Traurigkeit	Freude
Zwang	Freiheit
Einsamkeit	Verbindung
Verzagtheit	Vertrauen
Sorge	Zuversicht

Ist Ihre Aufmerksamkeit auf Konflikte ausgerichtet, obwohl Sie sich eigentlich nach Frieden sehnen? Beschäftigen Sie sich mit Mangel, obwohl Sie sich nach Fülle sehnen? Denken Sie die ganze Zeit an Ihre Angst, obwohl Sie sich Mut wünschen?

Machen Sie es sich zur täglichen Praxis, sich dessen bewusst zu sein, worauf Sie Ihre Aufmerksamkeit richten! Sobald Sie bemerken, dass Sie mit etwas beschäftigt sind, das Sie nicht wollen, können Sie sanft Ihren Fokus ändern. Das wird Ihnen nicht nur helfen, das Erwünschte in Ihr Leben zu holen, sondern auch Ihr Wohlbefinden erhöhen, weil Ihr Fokus Ihre Stimmung beeinflusst.

Denken Sie daran, Sie bewegen sich auf das zu und werden zu dem, worauf Sie sich am meisten konzentrieren. Richten Sie Ihren Fokus auf Fülle! Richten Sie Ihren Fokus auf Liebe! Richten Sie Ihren Fokus auf Frieden! Richten Sie Ihren Fokus auf Freude! Richten Sie Ihren Fokus auf Freiheit! Richten Sie Ihren Fokus auf das, was Sie sich wünschen!

Eine wirksamere Art, Ihr Denken zu nutzen

Ein positiver Fokus erlaubt Ihrem Unterbewusstsein, Ihnen zu helfen, sich all der Dinge bewusst zu werden, die Sie brauchen, um zu erschaffen, was Sie sich wünschen. Das liegt daran, dass es Teile Ihres Denkens gibt, die im Bereich Ihrer Aufmerksamkeit stattfinden, und Teile Ihres Denkens, die jenseits der bewussten Wahrnehmung ablaufen.

Ihr bewusstes Denken setzt die Ziele, und Ihr unbewusstes Denken erreicht die Ziele.

Sie können sich zwar bewusst überlegen, was Sie wollen, aber Sie brauchen Ihr Unbewusstes, um es zu erreichen. Das funktioniert so: Ihr unbewusstes Denken sammelt Unmengen an

Informationen über Ihre äußere Umgebung, von denen es nur einen kleinen Teil an die bewusste Wahrnehmung weiterleitet. Deshalb ist unsere bewusste Lebenserfahrung nur eine stark gefilterte Version der Wirklichkeit.

Um sich die Auswirkungen dieses inneren Filters zu vergegenwärtigen, können Sie sich vorstellen, Sie sind im Freien und es regnet heftig. Jede Sekunde fallen rund 400 Milliarden Tropfen vom Himmel, von denen Sie pro Sekunde ungefähr 2000 Tropfen mit der Hand auffangen können. Die Tropfen auf Ihrer Hand können Sie bewusst wahrnehmen, die Milliarden anderer Regentropfen können Sie jedoch nicht erfassen. So ähnlich verhält es sich auch mit unserer Wahrnehmung der Wirklichkeit.

Um uns vor Überforderung zu schützen, leitet unser Unbewusstes nur das weiter, was es für wichtig und relevant hält. Unsere Aufmerksamkeit bestimmt dabei wesentlich, welche Informationen »auf unserer Hand landen« und welche Informationen »danebenfallen«, ohne dass wir je bewusst bemerken, dass sie überhaupt existieren.

Ein positiver Fokus erlaubt Ihrem Denken, all die Menschen, Orte, Ereignisse und Dinge wahrzunehmen, die Ihnen helfen, das Erwünschte zu erreichen.

Mit liebevoller Absicht leben

Aus Ihrem Fokus ergibt sich Ihre Absicht. Ihre Absicht ist die Summe all der subtilen Gründe, weshalb Sie wollen, was Sie zu wollen meinen. Ihre Absicht beeinflusst in jedem Augenblick Ihre Entscheidungen, Ihre Gefühlslage und Ihr Verhalten. Ihre Absicht beeinflusst auch, was Sie bekommen, denn selbst wenn Ihr Fokus positiv ist, kann eine negative Absicht dazu führen, dass Sie emotional negativ aufgeladene Absichten anziehen und nicht das, was Sie sich positiv wünschen.

Ich hatte mich zwei Jahre lang danach gesehnt, einer Lebenspartnerin zu begegnen. Ich richtete meine Aufmerksamkeit auf die Art von Person, mit der ich gerne in Beziehung sein wollte, aber irgendwie traf ich keine passende Frau. In einem Gespräch mit meinem Coach wurde mir klar, dass ich zwar eine Partnerin finden wollte, meine Absicht dahinter jedoch vor allem darauf gerichtet war, *nicht mehr* einsam zu sein. Es bewegte mich auch emotional viel mehr, *nicht mehr* einsam zu sein, als in einer Beziehung zu sein. Deshalb hatte ich konsequenterweise unbewusst immer weiter Einsamkeit in mein Leben geholt, obwohl meine Aufmerksamkeit darauf gerichtet war, eine Partnerin zu finden.

Nachdem diese negative Absicht ins Bewusstsein getreten war und ich meine Absicht positiv ausgerichtet hatte, verließ ich die Coaching-Sitzung und begegnete wundersamerweise am selben Nachmittag einer wundervollen Frau, mit der ich die nächsten paar Jahre eine erfüllende Beziehung genoss. Wirklich wahr!

Könnte es also sein, dass *Ihre* Absichten Sie davon abhalten, Wunder anzuziehen? Verwenden Sie das Tool »Liebevolle Absicht« (Nr. 33) um herauszufinden, wie rein Ihre Absichten sind.

Fragen Sie sich, was Sie wollen. Und fragen Sie sich dann, warum Sie es wollen. Das kann Ihnen helfen, zu erkennen, ob Ihre Absicht auf Angst oder auf Liebe beruht.

Überlegen Sie: Warum wollen Sie einem Lebenspartner begegnen? Geht es Ihnen um eine tiefe Verbindung mit einem anderen Menschen – oder wollen Sie *vermeiden,* einsam zu sein? Warum wollen Sie mehr Geld? Damit Sie *nicht mehr* in diesem Job arbeiten müssen, den Sie hassen?

Achten Sie auf Ihre Absichten! Da sich Ihre emotional aufgeladenen Absichten verwirklichen werden, werden Sie Einsamkeit erzeugen, solange Sie versuchen, Einsamkeit zu vermeiden. Sie werden kein Geld haben, wenn Sie zu vermeiden versuchen, kein Geld zu haben. Sie können sich wünschen, was Sie wollen;

achten Sie jedoch darauf, dass Ihre Absicht liebevoll ist und Sie sich auf das konzentrieren, was Sie wollen.

Indem Sie das Neue annehmen, Probleme loslassen und Ihre Aufmerksamkeit auf das Erwünschte richten, wird sich Ihre Absicht ganz natürlich verändern. Dann sind Sie fröhlich, müssen nichts beweisen und können das Leben als ein Geschenk annehmen, das es wert ist, gefeiert zu werden. Daraus ergibt sich eine andere Absicht, als wenn Sie von Ängsten getrieben sind und zum Beispiel versuchen, Einsamkeit zu vermeiden oder Anerkennung zu gewinnen. Ihre Ziele können dieselben sein, doch die Absicht ist eine andere. Dann geht es Ihnen nicht darum, Schmerz zu vermeiden und sich einfach besser zu fühlen. Ihre Absicht für Ihr Sein, Ihr Tun und Ihr Haben beruht dann auf einer liebevollen Haltung.

Denken Sie daran: Sie bewegen sich auf das zu und werden zu dem, worauf Sie sich am meisten konzentrieren; Sie ziehen das an, was Sie beabsichtigen!

Treffen Sie Ihre Entscheidungen und handeln Sie aus einer liebevollen Haltung zu sich selbst, zu anderen Menschen und der Welt.

Die natürliche Neigung zum Glücklichsein

Die Verknüpfung negativer Gefühle mit dem, wonach Sie sich sehnen, kann verhindern, dass Sie es bekommen! Es mag merkwürdig erscheinen, dass Menschen absichtlich schlechte Gefühle über positive Dinge haben sollten, aber Sie würden staunen, wie oft das passiert.

Wenn Menschen an etwas denken, das sie gern hätten, fühlen sie sich manchmal schlecht, weil sie es noch nicht haben. Das kann hinderlich sein, weil es unserer natürlichen Neigung entspricht, uns auf den mehr Glück versprechenden Zustand hinzubewegen. Wenn Sie mit Ihrem Ziel negative Gefühle verbinden, kann es passieren, dass Sie sich unbewusst davon wegbewegen, um unangenehme Gefühle zu vermeiden. Um zu einem Magneten für Wunder zu werden, ist es daher sehr wichtig, Ihr Ziel mit positiven Emotionen zu verbinden. Oder anders gesagt: Ihre Zukunft jetzt zu genießen.

Mind the gap – Achtung, Lücke!

> *Wenn Sie sich Ziele setzen, führt das zu einer Lücke zwischen dem, wo Sie jetzt sind, und dem, wo Sie in Zukunft sein möchten.*

Indem Sie sich entscheiden, etwas anders haben zu wollen als gegenwärtig, erzeugen Sie automatisch einen Abstand zwischen dem, wo Sie gerade noch gewesen sind, und dem, wo Sie sein möchten. Diese Lücke kann darin resultieren, dass Sie mehr Aufmerksamkeit auf das Tun legen und weniger im Sein ruhen. Sie kann auch dazu führen, dass Sie in Widerstand gehen zu dem, *was ist,* und Unzufriedenheit schüren, weil Sie sich darauf konzentrieren, dass die Dinge nicht Ihren Wünschen entsprechen. Diese negativen Gefühle werden dann mit den zukünftigen Zielen in Verbindung gebracht, was dazu führt, dass Sie sie unbewusst eher vermeiden, als ihnen entgegenzustreben. Darüber hinaus strengen Sie sich unter Umständen so an, Ihre Umstände zu ändern, und sind so auf die Zukunft fokussiert, dass Sie den wundervollen Augenblick verpassen, in dem Sie gerade sind.

> *Seien Sie sich der Lücke bewusst, wenn Sie Wunder anziehen. Genießen Sie den Moment, in dem Sie sich befinden, und wählen Sie Handlungen, die mit der von Ihnen erwünschten Wirklichkeit im Einklang sind.*

Emotionen: der Link zwischen zwei Welten

Das Universum besteht aus Energie. Schauen Sie sich um und Sie werden überall verschiedene Formen von Energie sehen! Alles besteht aus Energie. Auch die Dinge, die Sie gern hätten. Ihre Emotionen sind Energie in Bewegung. Sie sind eine der ersten Manifestationsformen Ihrer Gedanken.

> *Emotionen sind der Link zwischen den nicht manifesten Gedanken und der manifestierten Wirklichkeit. Sie sind daher ein machtvolles Tool in Ihrer Wunderwirker-Werkzeugkiste.*

Von allen Emotionen sind Wertschätzung, Dankbarkeit und Liebe die kraftvollsten. Je mehr Sie im Einklang mit diesen aufwärts spiralisierenden emotionalen Erfahrungen leben, desto mehr vergoldet sich Ihr Weg. Seit ich es mir zur Priorität gemacht habe, in Liebe zu leben, so viel Wertschätzung zu üben wie möglich und eine Haltung der Dankbarkeit zu pflegen, hat sich meine Fähigkeit, positive Ergebnisse anzuziehen, unglaublich stark entwickelt. Heute ist es, als ob mir das Leben ständig den roten Teppich ausrollt, während ich mich früher mit dem Versuch abgemüht habe, meinen Teppich selbst zu knüpfen. Emotionen sind Teil der Energie, aus der das Universum besteht. Um uns der Macht des Universums zu bedienen, müssen wir unsere Emotionen wirksam steuern können.

Genießen Sie Ihre Zukunft JETZT

Hauchen Sie dem, was Sie sich wünschen, Leben ein, indem Sie es jetzt wertschätzen! Nutzen Sie Ihre Vorstellungskraft, um es für sich sinnlich erfahrbar zu machen. Vergegenwärtigen Sie sich, was Sie sehen, hören, fühlen, riechen und spüren werden, sobald Sie es angezogen haben.

Bleiben Sie ruhig und genießen Sie Ihr zukünftiges Jetzt, als habe es sich bereits manifestiert: Wie würden Sie sich fühlen?

Was würden Sie sich sagen? Wie wundervoll wird es sein, Ihr Leben auf diese positive Weise zu verändern? Würdigen Sie es jetzt!

Wenn Sie das Erwünschte jetzt hochschätzen, genießen Sie auf ganz natürliche Weise auch Ihren Weg zu Ihrem Ziel.

Die Neigung, etwas Bestimmtes erreichen zu wollen, um sich auf eine bestimmte Weise zu fühlen, ist eine Falle, in die viele Menschen gehen: Damit hängt ihre Lebensfreude davon ab, ob sie ihre Ziele erreichen oder nicht.

Die Freude am Weg entsteht, wenn wir nicht mehr versuchen, uns durch ein bestimmtes Verhalten oder durch bestimmte Dinge angenehme Gefühle zu verschaffen. Es geht um die Erkenntnis, dass jedes Gefühl von innen kommt, bereits in uns angelegt ist und nur auf die Erlaubnis wartet, sich ausbreiten zu dürfen.

Denken Sie daran: Die wundersame Körper-Geist-Verbindung sorgt dafür, dass wir fühlen, worauf wir uns konzentrieren. Ihre Gefühlslage wird nur durch das beeinflusst, worauf Sie Ihre Aufmerksamkeit richten. Sooft Sie ein Gefühl erleben – egal, ob es Traurigkeit oder Freude ist –, haben Sie es erschaffen. Sie haben die Macht, jedes Gefühl zu erschaffen, das Sie wollen. Mehr dazu finden Sie beim »Emotionale Zustände erschaffen«-Tool (Nr. 34). Erzeugen Sie Gefühle, die Sie mögen, indem Sie sich darauf ausrichten, was Sie wollen, und Ihr Körper-Geist-System kümmert sich um den Rest.

Genießen Sie Ihr Geschenk des Lebens unabhängig von Ihren Lebensumständen. Eine Haltung der Dankbarkeit führt nicht nur zu guten Gefühlen; sie befähigt Sie auch, Ihre Ziele auf äußerst effektive, mühelose und freudvolle Weise zu erreichen. Das Tool »Dankbare Haltung« (Nr. 36) kann Ihnen dabei helfen. Denken Sie daran: Die Akzeptanz des Neuen löst allen Leistungsstress auf, weil Sie damit flexibel, akzeptierend und freudvoll bleiben. Indem Sie aufhören, etwas als Problem zu betrachten, können Sie auf Ihr Ziel zugehen, ohne Ihr Leben deshalb als gut oder schlecht, besser oder schlechter, richtig oder falsch klassifizieren zu müssen. Stattdessen leben Sie dann mit der offenen Geisteshaltung, dass alles geschieht, um Sie zu unterstützen. So wird Ihr Leben zu einem fröhlichen Abenteuer.

Wenn Sie sich so fühlen, wie Sie sich jetzt gern fühlen möchten, sind Sie weniger auf das fixiert, was Sie wollen. Dadurch kann mehr Gutes in Ihr Leben fließen.

Loslassen und wachsen lassen

Die zehnte innere Lehre

Entdecken Sie den Unterschied zwischen Verlangen und Verzweiflung

Um die Kraft des Universums gezielt nutzen zu können, ist Ihre größtmögliche Hingabe erforderlich. Es gibt eine unmittelbare Beziehung zwischen dem Loslassen von Kontrolle und der Manifestation von Wundern. Sie liegt im Unterschied zwischen Verlangen und Verzweiflung. Verlangen zieht die Dinge zu uns, während Verzweiflung sie von uns wegtreibt. Wenn Sie etwas hinterherjagen, was Sie aus Verzweiflung zu brauchen meinen, wird es Ihnen eher entweichen. Angstvolle Absichten – wie das Vermeiden von Traurigkeit, das Streben nach Anerkennung durch andere oder die Forderung nach Respekt – führen oft zu Anhaftungen an das Ziel und den Gedanken, man brauche das, was man will. Doch hinter dieser Bedürftigkeit liegt Verzweiflung.

Seien Sie sich bewusst, was Sie wollen, und lassen Sie den Gedanken los, dass Sie es brauchen!

Loslassen lernen

Wenn Sie irrtümlich annehmen, Ihr Glück, Ihr Frieden oder Ihre Liebe hingen von äußeren Faktoren ab, schleicht sich Anhaftung in Ihre Zielorientierung. Mit Anhaftung meine ich beispielsweise die Idee, Sie könnten erst glücklich sein, nachdem Sie die Beförderung bekommen haben. Oder Sie müssten erst jemand Besonderem begegnen, um Liebe zu erfahren. Selbst wenn Sie dann eine Liebespartnerin finden, wird die Beziehung auf Angst beruhen und nicht auf Liebe, denn weil Sie diese Person für die Quelle Ihrer Liebe halten, werden Sie fürchten, sie zu verlieren. Das Tool »Anhaftungen erkennen« (Nr. 37) hilft Ihnen, sich zu vergewissern, dass Sie mit Ihrem Verlangen verbunden sind.

Anhaftung macht Sie abhängig von den Belohnungen des Lebens.

Worum auch immer es im Außen gehen mag: Solange Sie es *brauchen*, sind Sie abhängig. Weil Sie es brauchen, um sich glücklich, friedvoll oder geliebt zu fühlen, besteht die Gefahr, dass Sie versuchen, das Leben in Ihrem Interesse zu kontrollieren und zu manipulieren.

Anhaftung ist anstrengend! Noch schlimmer wird es durch die Tatsache, dass Anhaftung die Illusion der unerleuchteten menschlichen Erfahrung nährt, wir seien getrennt von Frieden, Liebe und Freude. Doch das stimmt nicht. All diese wundervollen Erfahrungen sind Ihnen von Grund auf zu eigen. (Siehe Kapitel 4.)

Anhaftung vertreibt Wunder

Sie erhalten immer das, worauf Sie Ihren Fokus richten. Falls Sie so sehr am Erreichen Ihrer Ziele hängen, dass Sie meinen, das Ersehnte zu brauchen, kann Folgendes passieren: Sie werden sich darauf zu konzentrieren beginnen, es zu vermeiden, Ihre Ziele *nicht* zu erreichen. Diese Ausrichtung auf das Vermeiden des Versagens kann jedoch gerade verhindern, dass Ihre Ziele in Ihr Leben treten, eben weil Sie sich unbewusst darauf konzentrieren, sie *nicht* zu erreichen. Damit kann Ihre Absicht von Liebe und Fülle in Angst und Mangel umschlagen.

Das Annehmen des Neuen ermöglicht es, etwas zu wollen, ohne daran zu hängen, es zu erreichen. Sie können unabhängig und gleichzeitig sehr entschieden sein. In einer unabhängigen Haltung agieren Sie in einem Moment auf eine bestimmte Weise, beobachten, wie sich die Dinge entwickeln, und entscheiden sich im nächsten Moment für ein neues Verhalten. Sie sind bereit, in Ihrem Leben etwas Neues und unerwartete Ereignisse willkommen zu heißen. Sie nehmen das Neue an, lassen sich auf diesen wundervollen Moment ein und vertrauen darauf, dass sich das Erwünschte zum richtigen Zeitpunkt auf die perfekte Weise einstellen wird. Diese Art von Manifestation beruht auf dem Vertrauen in die Fülle des Universums.

Fordern Sie bei der Manifestation dessen, was Sie sich wünschen, keine konkreten Termine ein – das könnte die Erfüllung verzögern!

Das Universum verspätet sich nicht

Manche Anleitungen zum Erreichen von Zielen empfehlen, sehr klar zu formulieren, wann es eintreffen soll. Ich stimme zu, dass eine gewisse Vorstellung davon nützlich sein kann, um motiviert zu bleiben und innerhalb gewisser Grenzen zu operieren, doch ich empfehle Ihnen dringend, sich nicht auf bestimmte kalendarische Daten zu fixieren.

Um ein wundervolles Leben zu leben, ist es hilfreich, nicht darauf aus zu sein, das Erwünschte in einem bestimmten zeitlichen Rahmen zu erhalten. Vertrauen Sie lieber darauf, dass es genau zur richtigen Zeit eintreffen wird. Häufig ist das früher, als Sie erwartet hätten, aber manchmal auch nicht. Wenn Sie erfüllt sind von der Herrlichkeit des gegenwärtigen Augenblicks, ist das auch nicht so wichtig. In einem erleuchteten Leben genießen Sie Ihre Reise so sehr, dass Sie gar keine Zeit für die besorgte Frage haben, ob Sie Ihre Ziele erreichen werden oder nicht!

Haben Sie das bisher Gelesene einmal umgesetzt, werden Sie bereits Ihr aktuelles Leben als sehr viel erfüllender erfahren und sehr viel zufriedener damit sein. Alles, was Sie sich in Zukunft wünschen könnten, kommt dann als Extra hinzu, aber Sie brauchen es nicht, um glücklich und friedvoll zu sein oder Liebe zu erfahren, weil Sie wissen, dass all diese Erfahrungen im Sein wurzeln und nicht im Tun. Aus dieser freien, problemlosen Perspektive heraus können Sie die Kraft des Universums zu Ihrem eigenen Wohl nutzen sowie zum Wohl der ganzen Menschheit.

Verschenken Sie, was Sie sich wünschen

Je mehr Sie geben, desto mehr empfangen Sie.

Wenn Sie einen Kiesel in einen Teich werfen, breiten sich die Wellen so lange aus, bis sie das Ufer erreichen – dann kehren sie sich um und vervielfachen sich dabei sowohl in der Größe als auch in der Menge. Das Gleiche gilt für das, was Sie im Leben geben: Je mehr Sie geben, desto mehr empfangen Sie. Es mag Ihnen merkwürdig erscheinen, etwas wegzugeben, das Sie gern hätten, doch es ist so: Sie erhalten mehr von dem, was Sie sich wünschen, indem Sie mehr von dem abgeben, was Sie haben.

Manche Menschen leben nach dem Prinzip »Wie du mir, so ich dir«; sie geben erst, wenn sie empfangen haben.

Sie leisten zum Beispiel nur mehr in ihrem Beruf, sofern sie mehr bezahlt kriegen. Oder sie zeigen anderen Menschen erst ihre Liebe, falls sich die anderen ihnen gegenüber liebevoll erweisen. Das ist jedoch eine ineffektive Strategie.

Indem Sie zurückhalten, was Sie haben, erzeugen Sie keinen Raum, in den mehr einströmen kann. So behindern Sie den natürlichen Fluss des Universums. Aber wenn Sie eher nach dem Prinzip »Wie man in den Wald hineinruft, so schallt es heraus« leben, indem Sie geben, was Sie gern hätten, werden Sie sehr viel mehr in Fülle und erfüllter leben.

> *Entscheiden Sie sich, was Sie gerne hätten, und finden Sie Möglichkeiten, es zu geben!*

Wenn Sie mit Teilen Ihres Lebens unzufrieden sind, bedeutet das in der Regel, dass Sie nicht geben, was Sie in diesen Bereichen gerne hätten. Verschenken Sie Zärtlichkeit, wenn Sie sich nach Zärtlichkeit sehnen. Ermutigen Sie andere, wenn Sie gerne Ermutigung hätten. Seien Sie spendabel, wenn Sie sich mehr Geld wünschen. So einfach ist das.

Was Sie geben, kommt zu Ihnen zurück. Es hat mit dem Fluss von Geben und Nehmen zu tun. Denken Sie jedoch daran: Ein Geben mit Blick auf das, was man im Gegenzug erhält, ist kein echtes Geben. Es geht um das Geben ohne Gedanken an den Lohn, ein Geben in dem Bewusstsein, dass Sie es sich leisten können, weil das Universum unendlich ist und das Universum in Ihnen existiert.

»Es gibt zwei Möglichkeiten zu leben:
als ob nichts ein Wunder ist
oder als ob alles ein Wunder ist.«

ALBERT EINSTEIN

Teil II

Wunder vollbringen

durch Nutzung der Kraft des Universums

Die Macht
des Universums nutzen

Wunder vollbringen

Aufmerksamkeit und Schöpfung
in Einklang bringen

Jeder Mensch auf diesem Planeten wird mit der latenten **Macht geboren, das Bewusstsein absichtsvoll zu steuern und es damit aus dem reinen Potenzial in die physische Existenz zu bringen.** In den alten indischen Texten der *»Upanishaden«* heißt es: *»Am Anfang war das Wort und das Wort war Om.«* Es gab eine Zeit, in der nichts existierte, nur stiller Raum. Dann entstand etwas aus dem Nichts. Die erste Bewegung vom Unmanifesten ins Manifeste war die Schwingung des Om.

Om ist die Schwingung der Schöpfung. Om ist die erste Bewegung aus der Stille. Es ist der erste Klang. Und es ist das erste Etwas, welches aus dem Nichts hervorgegangen ist.

Weil die Zeit nicht linear ist, ist im Anfang ewig jetzt.

Unser denkender Geist existiert jenseits des Physischen. Gedanken sind letztlich unmanifestierte Potenzialität. Sie sind die Samen der Schöpfung. Daher sind unsere Gedanken unsere machtvollsten Instrumente zur Steuerung des Bewusstseins, zu seiner Transformation vom stillen Raum in die physische Existenz. (Wow, welch großartiges Geschenk Sie da jetzt in sich tragen!)

Alles, was Sie um sich herum sehen, was von Menschen erschaffen wurde, gab es zunächst nur im Geist eines Menschen. Wollen Sie also in Ihrem Leben etwas Neues erschaffen, dann können Sie das tun, indem Sie die Macht Ihrer Gedanken und des Om nutzen.

Die Macht des Om nutzen

Ihre Aufmerksamkeit mit Om in Einklang zu bringen bedeutet, Ihre Aufmerksamkeit mit der unendlichen Kraft der Schöpfung zu verbinden. Das kann ganz enorme Kräfte freisetzen. Die Vereinigung Ihrer Gedanken mit Om kann helfen, sie zu verwirklichen.

Um die Macht des Om zu nutzen, können Sie das erschaffen, was ich einen »Om-Gedanken« nenne. Wenn Sie sich mehr Liebe wünschen, kann »Om-Liebe« ein sehr machtvoller Om-Gedanke sein. Hätten Sie gern mehr Geld, könnte »Om-Fülle« eine sinnvolle Bereicherung Ihres Denkens sein. Denken Sie daran, es geht darum, »Om« mit einer positiven Absicht zu verbinden, um Ihre Ausrichtung positiv und allgemein zu halten (also nicht »Om-Ferrari«)! Falls Sie gern ein neues Auto hätten, ist es am besten, »Om-Fülle« zu verwenden. Stellen Sie sicher, dass Sie ein ganz und gar positives Konzept einsetzen, das Ihren größten Herzenswunsch in ein oder zwei Worten zusammenfasst.

Die besten Ergebnisse erzielen Sie, wenn Sie Ihren Om-Gedanken im Lauf des Tages immer wieder mit offenen Augen denken. Nachdem Sie ihn gedacht haben, fahren Sie einfach mit Ihrem Alltag fort, bis Sie ihn das nächste Mal wiederholen möchten; das kann Minuten oder Stunden später sein. Versuchen Sie nicht, ein Gefühl zu erzwingen; es funktioniert sogar, wenn Sie denken oder fühlen, es funktioniere nicht. Sooft Sie den Om-Gedanken denken, wässern Sie die Samen Ihrer Absicht, indem Sie Ihre Aufmerksamkeit mit der Macht des Universums verbinden.

Denken Sie daran: Das Universum mag es nicht, manipuliert zu werden. Dies ist eine sehr kraftvolle Technik, die mit liebevoller Absicht eingesetzt werden muss.

Meditation mit dem Om-Gedanken

Ich empfehle, die folgende Meditation zwei bis drei Mal am Tag durchzuführen – oder öfter, wenn Sie mögen. Gute Zeitpunkte dafür sind vor dem Frühstück, vor dem Abendessen und vor dem Schlafengehen. Die Anleitung beschreibt eine Sitzmeditation mit geschlossenen Augen.

1. Schritt: **Vorbereitung**
Setzen Sie sich in lockerer Kleidung bequem auf einen Stuhl, ein Sofa oder auf Ihr Bett. Stützen Sie Ihren Rücken mit einem Kissen, wenn es Ihnen angenehm ist, und legen Sie sich eine Decke um, falls die Gefahr besteht, dass Ihnen kühl werden könnte. Entscheiden Sie sich dann, was Sie in Ihrem Leben erschaffen möchten: Liebe, Frieden, Glück, Gesundheit, Fülle, Abenteuer oder was auch immer.

2. Schritt: **Sanftes Gewahrsein des Jetzt**
Schließen Sie nun sanft Ihre Augen. Bleiben Sie jedoch dabei wach und bewusst. Lassen Sie Ihre Aufmerksamkeit im Hier und Jetzt weit werden und beobachten Sie, was momentan in Ihrem Geist vor sich geht. Das erfordert keine Bemühung oder Anstrengung. Beobachten Sie in einer leichten, entspannten

Haltung den Strom Ihrer Gedanken, als wären es Wolken, die am Himmel entlangsegeln.

3. Schritt: Der Om-Gedanke

Denken Sie sanft Ihren Om-Gedanken: »Om-Liebe« oder »Om-Frieden« oder was immer Sie gewählt haben. Denken Sie den Gedanken und lassen Sie ihn dann los. Versuchen Sie nicht, sich weiter darauf zu konzentrieren. Bleiben Sie einfach wachsam und beobachten Sie, was in Ihrem Bewusstsein geschieht.

Nach einer Weile werden Sie bemerken, dass Ihr Geist aktiv wird und Sie angefangen haben, an etwas zu denken. Das ist natürlich und entspricht unserer Gewohnheit; machen Sie es sich also nicht zu schwer. Kehren Sie einfach sanft zu Ihrem Om-Gedanken zurück.

Wandern Sie im Verlauf der Meditation einfach langsam zwischen Bewusstheit, dem Fokus auf den Om-Gedanken, dem bewussten Warten, bis das Denken beginnt, und der Wiederholung des OM-Gedankens hin und her. Bleiben Sie dabei entspannt.

Im Tool »Anleitung für die Om-Gedanken-Meditation« (Nr. 38) finden Sie eine Erinnerung an diesen Prozess, mit dem Sie dem Universum die nachhaltige Botschaft Ihres Wunsches senden können. Ich empfehle, am Ende Ihrer Om-Gedanken-Meditation den »Prozess zur Anziehung von Zielen« (Nr. 39) zu machen. Damit haben Sie eine kraftvolle tägliche Praxis, die in Ihrem Leben wundersame Veränderungen bewirken kann.

Das Leben von innen nach außen transformieren

Bei regelmäßiger Übung werden Sie vielleicht bemerken, wie sich in Ihrem Leben mehr von dem zeigt, was Sie sich wünschen. Sie werden vielleicht auch eine gewisse Stille oder einen inneren Frieden bemerken. Das ist Ihre Bewusstheit. Ich empfehle Ihnen, während der Meditation Ihre Aufmerksamkeit zu dem stillsten, ruhigsten Teil Ihrer inneren Erfahrung sinken zu lassen, um eine innigere Beziehung mit der Schönheit und Strahlkraft Ihres grenzenlosen bewussten Gewahrseins (Ihres »Seins«) zu entwickeln. Indem Sie den Frieden, die Liebe und die Fülle entdecken, die Ihnen innewohnen, werden Sie natürlicherweise auch in Ihrer äußeren Welt mehr davon erleben.

Dem Universum entgegenkommen

Die Manifestation von Wundern

Aktion + Geduld = Gelingen

Tragen Sie die inneren Lehren jetzt hinaus in die Welt! Es ist nicht weise, den ganzen Tag meditierend daheim zu sitzen und zu erwarten, alles Gewünschte komme von ganz alleine und klopfe bei Ihnen an die Tür. In den »Zehn inneren Lehren« (siehe vor allem Teil I und Kapitel 13) finden Sie alte Weisheiten und praktische Übungen, um innerlich äußerst positive machtvolle Rahmenbedingungen für sinnvolles Handeln zu erschaffen, mit dem Sie zu Ihrem idealen Körper, idealen Leben und Ihrer idealen Welt beitragen können. Die Umsetzung der »Zehn inneren Lehren« führt zu einem aufregenden Abenteuer einer Schöpfung voller Liebe, Freude und produktivem Frieden.

Jetzt kommt der Punkt, an dem es nützlich ist, die »Zehn inneren Lehren« in die physische Realität hinauszutragen – oder

mit anderen Worten: dem Universum auf halbem Weg entgegenzukommen.

Dranbleiben, bis es gelingt

Um dem Universum auf halbem Weg entgegenzukommen,
braucht es ein inneres *Commitment* – eine innere Verpflichtung.
Es wird Zeiten geben, in denen die Dinge sich gut zu entwickeln
scheinen und es leicht ist, den Weg zu genießen. Doch es kann
auch Zeiten geben, in denen es sich schwieriger anfühlt, dem
Gewünschten näher zu kommen. Dann mag die Versuchung
entstehen, aufzuhören.

*Die Möglichkeit, Ihre Träume zu verwirklichen, wird durch
die innere Verpflichtung unausweichlich.*

Commitment erfordert, dass Sie tun, was Sie sich vorgenommen
haben, selbst wenn die positiven Gefühle, die Sie bei Ihrem Vor-
satz hatten, nicht mehr spürbar sind. *Commitment* macht Sie zu
einem Menschen, der Wort hält. Und es macht die Verwirkli-
chung Ihrer Träume unausweichlich, weil Sie sich nicht mehr
auf das »Wenn ich das mache …« konzentrieren, sondern auf die
Gründe, weshalb und wozu Sie es sich wünschen, sowie auf die
Handlungen, die es fördern.

*Das Erreichen Ihrer Träume hängt von der Intensität Ihres
»IQ« ab: der Intensität Ihres »I quit« (»Ich gebe auf«). Ist da
etwas, was Sie bewegen könnte, Ihre Träume aufzugeben?*

Jeder angehende Wunderwirker braucht Ausdauer. Gehen Sie
das *Commitment* ein, niemals aufzuhören, dann ist das Gelingen unausweichlich. Ein echtes *Commitment* lässt keine Rück-
trittsklausel zu oder irgendwelche »Wenn«, »Aber« oder »Vielleicht«. Es ist einfach die totale Akzeptanz, beharrlich aktiv zu
bleiben, bis es gelingt.

Handeln ohne Beweise

Wenn Sie Ihren Körper, Ihr Leben oder Ihre Welt verändern, kann es eine ganze Weile dauern, bis Ihr Handeln Ergebnisse zeigt. Da Sie das von vornherein wissen, kann es Ihnen helfen, eine Einstellung der Ausdauer zu entwickeln.

Handlungsschritte + Geduld = Gelingen

Um dem Universum auf halbem Weg entgegenzukommen, brauchen Sie Beharrlichkeit und Geduld. Vergleichen Sie es damit: Sie besorgen Samen, um Gemüse anzubauen, sie säen und wässern sie … und müssen abwarten.

So kann es auch bei der Veränderung der äußeren Lebensumstände eine Weile dauern, bis Sie Beweise dafür sehen, dass etwas geschieht. Sie müssen bereit sein, auch ohne diese Bestätigung kontinuierlich dranzubleiben. Dabei kann Ihnen das Tool »Tägliche Rückschau« (Nr. 40) helfen.

Seien Sie bereit, in Ihre Wünsche Energie zu investieren, selbst wenn Sie zunächst keine offensichtlichen Ergebnisse erkennen.

Energie in Aktion

Um Ihren Körper, Ihr Leben oder Ihre Welt positiv zu verändern, braucht es Energie, Lebendigkeit, »Umpf – hau ruck, auf geht's!« oder wie auch immer Sie es nennen wollen.

Genauso wie in Beziehungen »Gleich und gleich gesellt sich gern« gilt, gesellt sich aus der Perspektive des Universums Leben gerne zu Leben.

Energie zieht Energie an, und alles, was Sie sich wünschen, besteht aus Energie. Um etwas Neues, Wundervolles zu erzeugen, ist es entscheidend, dass Sie Ihre Energie auf ein Niveau heben, welches der Energie des Körpers, des Lebens und der Welt entspricht, die Sie gerne hätten.

Tun Sie etwas, das Ihnen Energie schenkt, und hören Sie auf mit Dingen, die Ihnen Energie rauben! Das ist die einfache, aber tiefgründige Philosophie der hawaiianischen Kahunas. Diese mächtigen Wunderwirker und Heiler wussten, dass »Mana« (ihr Wort für »Lebenskraft« oder »Energie«) zu den kostbarsten Ressourcen gehört, mit denen Menschen auf die Wirklichkeit einwirken können. Ohne Energie haben Sie kein Leben, und mit wenig Energie wird es Ihnen schwerfallen, Ihren Körper oder Ihre Welt zu heilen. Um dem Universum auf halbem Weg entgegenzukommen, ist es wichtig, dass Sie alles in Ihrer Macht Stehende tun, um Ihr Energieniveau hoch zu halten. In dem Tool »Energiequellen« (Nr. 41) und in den folgenden Top-Tipps finden Sie Anregungen dafür.

Top-Tipp #1 Atmen Sie um Ihr Leben!

Wir können wochenlang ohne Nahrung auskommen, tagelang ohne Wasser, aber ohne Atem überleben wir höchstens einige Minuten. Allein diese einfache Tatsache zeigt deutlich, welch wichtige Rolle das Atmen für unser Energieniveau spielt. Leider atmen die meisten Leute nicht richtig – was die natürliche Entspannung verhindert und den Körper unnötig stresst, weil er dann mit weniger Sauerstoff auskommen muss.

Sie können das mal eben schnell ausprobieren: Legen Sie sich eine Hand auf den Bauch und atmen Sie tief. Achten Sie darauf, was Ihr Bauch beim Einatmen macht: Geht er dabei nach innen – oder wölbt er sich nach außen? Bei den meisten Menschen zieht sich der Bauch beim Einatmen nach innen, doch beim richtigen Atmen muss er sich ausdehnen! Damit sich Ihre Lungen ganz füllen können, muss sich das Zwerchfell nach unten wölben, wodurch der Bauch nach außen tritt. Üben Sie jetzt während des Lesens, so zu atmen, dass sich Ihr Bauch beim Einatmen nach außen ausdehnt und beim Ausatmen entspannt nach innen fällt. Nutzen Sie das Tool »Ausgeglichen atmen« (Nr. 42), um sich auf ein höheres Energieniveau zu atmen.

Top-Tipp #2   Trinken Sie um Ihr Leben!

Das Trinken einer genügenden Menge guten Wassers unterstützt die Hirnfunktionen, mindert Erschöpfung, regt den Stoffwechsel an, entschlackt und soll sogar in gewissen Fällen das Krebsrisiko senken.

Versuchen Sie, täglich mindestens zwei Liter Quellwasser zu trinken. Die Installation eines Wasserfilters kann eine gute Investition sein. Sollte das nicht möglich sein, können Sie sich zumindest einen Kannenfilter zulegen. Falls Sie Flaschenwasser kaufen müssen, sollten Sie lieber Glasflaschen kaufen als Plastikflaschen, weil sich aus dem Kunststoff Chemikalien lösen, die ins Wasser gelangen. Kohlensäurehaltiges Wasser enthält Kohlendioxid, was das Calcium im Körper löst und auswäscht; deshalb sollte es vermieden werden.

Ausreichend Wasser zu trinken ist eine Frage der Gewohnheit. Ein Becher heißes Wasser mit Zitrone am Morgen wirkt reinigend. Wenn Sie danach ein großes Glas frisch zubereiteten Saft trinken, starten Sie super in einen erfolgreichen Tag.

Top-Tipp #3   Essen Sie um Ihr Leben!

In seinem Bestseller-Buch *»Lebensmittel – Eine Verteidigung gegen die industrielle Nahrung und den Diätenwahn«* empfiehlt Michael Pollan eine alte Regel, um modernen Problemen mit der Gesundheit, dem Gewicht und mit Stress zu begegnen:

> *»Essen Sie echte Nahrung. Nicht zu viel. Und überwiegend Pflanzen.«*

Ich liebe diese simple Strategie, um mich durch Nahrung mit mehr Energie zu versorgen. Indem Sie zu grundlegenden Lebensmitteln zurückkehren und sich vor allem von energiereichen Pflanzen ernähren, können Sie sich leicht über das Essen mit der lebensspendenden Energie versorgen, die Nahrung eigentlich sein soll.

Meiden Sie verarbeitete, mit Chemikalien versetzte »tote« Nahrungsmittel, die Ihren Körper übersäuern und viel Verdauungsenergie brauchen. Und wenn Sie schon dabei sind, können Sie Ihrem Körper noch mehr Gutes tun, indem Sie ihm nicht zu viel Nahrung pro Mahlzeit zuführen. Damit bewahren Sie sich Ihre Energiereserven und halten Körper und Geist klar und handlungsfähig. Weitere Informationen über Ernährung und Entgiftung finden Sie zum Beispiel in meinem Buch »*Detox für den Geist – Die 5-Schritte-Methode*«.

Top-Tipp #4 **Bewegen Sie sich um Ihr Leben!**
Körperliche Bewegung ist ein wesentliches Element zur Förderung der richtigen mentalen und emotionalen Grundlagen, um dem Universum auf halbem Weg entgegenzukommen. Körperliche Bewegung setzt Endorphine frei, durch die Sie sich glücklicher fühlen. Sport hilft abzunehmen und gut auszusehen, was Ihnen in vielen Gesellschaften einen Vorteil verschafft. Körperliche Bewegung steigert auch die Lebenserwartung und wirkt vorbeugend gegen chronische Krankheiten wie Herz-Kreislauf-Probleme und gegen Krebs.

Der menschliche Körper ist dafür geschaffen, sich zu bewegen. Nehmen Sie also öfter mal die Treppe, gehen Sie zu Fuß, kaufen Sie sich ein Fahrrad – tun Sie alles, was zu Bewegung führt. Mit dem Aufbau von Muskelmasse verbessert sich auch der Stoffwechsel im Ruhezustand, das heißt, Ihr Körper verbrennt dann selbst im Ruhezustand mehr Kalorien.

Top-Tipp #5 **Ruhen Sie um Ihr Leben!**
Schlafstörungen sind heutzutage zu einem weitverbreiteten Problem geworden. Enge Terminpläne, Reizüberflutung und immer höhere Anforderungen an unsere Zeit führen zunehmend zu ei-

nem unruhigen Denken, das sich am Ende des Tages nur schwer abschalten lässt. Falls Sie abends nicht gut in den Schlaf finden, sind Sie also nicht allein.

Unser Körper braucht die Nächte, um sich zu heilen. Im Schlaf ruht der Körper. Das gibt ihm Gelegenheit, den im Lauf des Tages angesammelten Stress zu verarbeiten. Deshalb träumen wir nachts: Die heilsamen Vorgänge im Körper spiegeln sich im Geist in Form von visuellen Eindrücken.

Viele Leute versuchen sich durch Lesen, Radiohören oder Fernsehen von ihren Gedanken abzulenken und hoffen, dann besser schlafen zu können. Doch das ist leider häufig eher kontraproduktiv, weil der Geist dadurch noch aktiver wird. Denn selbst wenn Sie nach dem Lesen, Radiohören oder Fernsehen bald einschlafen, erfahren Sie Ihren Schlaf oft als nicht wirklich erholsam, zum Beispiel wenn die Inhalte der Abendunterhaltung eher stressiger Natur waren.

Meditation gegen Schlafstörungen hilft Ihnen, tiefer zu schlafen und sich dabei mehr zu erholen.

Um sich in den Schlaf zu meditieren, können Sie sich einfach ins Bett legen und die drei bzw. vier Schritte der »Om-Gedanken-Meditation« (siehe Kapitel 11 bzw. Tool Nr. 38) durchführen.

Statt sich in den Schlaf zu denken, können Sie die Zeit nutzen, um im Hier und Jetzt zu sein, im Sein zu ruhen und das Denken loszulassen. Damit schlafen Sie auf einem entspannteren Energieniveau ein, was einen erholsameren Schlaf fördert und Ihnen helfen kann, am nächsten Tag mit Freude im Herzen und voller Sprung- und Tatkraft aufzuwachen.

Lass diesen Augenblick
ein Neubeginn sein.

Größtmögliche Freude in jedem Augenblick

Wunder bewirken

Machen Sie mithilfe der »Zehn inneren Lehren«
aus jedem Augenblick das Beste

Die »Zehn inneren Lehren« für ein erleuchtetes Leben und um ein Magnet für zeitgemäße Wunder zu werden:

1. **Das Äußere spiegelt das Innere**
   Sie bekommen, was Sie projizieren. Kümmern Sie sich also um Ihr Selbstbild, damit Ihnen mehr gelingt.

2. **Herzenswünsche ernst nehmen**
   Zu wissen, dass Ihr größter Herzenswunsch eine innere Erfahrung ist, spart Ihnen Zeit und Mühe, weil Sie nicht mehr an den falschen Stellen danach suchen.

3. Im Hier und Jetzt sein

Das Universum existiert und operiert jetzt. Indem Sie präsent sind, bringen Sie Ihre Aufmerksamkeit mit dem Kraftpunkt in Übereinstimmung, an dem alle Schöpfung entsteht.

4. Im Sein ruhen

Sie sind nicht Ihre Lebensumstände. Im Gewahrsein Ihres Seins werden Sie präsent, friedvoll und machtvoll.

5. In Liebe leben

Entdecken Sie, dass Sie eins sind mit der größten positiven Kraft auf diesem Planeten.

6. Widerstand ist zwecklos

Widerstand gegenüber dem Leben bedeutet Widerstand gegenüber Wundern. Alles geschieht, um Ihnen zu helfen.

7. Keine faulen Kompromisse

Lösen Sie den Konflikt zwischen Kopf und Herz, damit Ihre Absichten und Ihr Handeln kongruent sind.

8. Hochschätzung hat Priorität

Hochschätzung statt Kritik ist das Gegengift gegen Probleme und der Schlüssel für ein Leben in Fülle.

9. Positiver Fokus macht stark

Sie erhalten bereits, worauf Sie sich konzentrieren. Sie können sich also genauso gut auf das konzentrieren, was Sie gerne hätten.

10. Loslassen und wachsen lassen

Es gibt einen Unterschied zwischen Verlangen und Verzweiflung. Indem Sie präsent sind, sind Sie erfüllt und brauchen die Zukunft nicht, um Erfüllung zu finden.

Die Anwendung dieser »Zehn inneren Lehren« kann Ihnen helfen, das Neue anzunehmen, über die Wahrnehmung von Ereignissen als Problemen hinauszuwachsen und Wunder zu bewirken. Das Ergebnis: die größtmögliche Freude an jedem Augenblick!

Das Neue willkommen heißen

Solange wir auf Autopilot von einem Tag in den nächsten treiben, sind wir allzu leicht taub für echten Frieden, echte Liebe und echte Freude. Weil wir nicht bemerken, was wir alles sind und haben, können wir es nicht wertschätzen. Schätzen wir es nicht wert, wie können wir es dann wirklich genießen? Überlegen Sie mal, was Sie möglicherweise verpassen! Jeder Augenblick jedes Tages ist kostbar. Indem Sie auf Automatik laufen, droht die Gefahr, Ihr Geschenk des Lebens zu vergeuden.

> *Das Neue anzunehmen bedeutet, aufzuwachen, sich einzustimmen und all das, was IN DIESEM AUGENBLICK in Ihrem Leben bereits da ist, zu bemerken und zu genießen.*

In diesem Buch geht es mehr darum, sich auf das Jetzt zu konzentrieren, anstatt auf das zu achten, was in der Vergangenheit passiert oder nicht passiert ist, was in der Zukunft geschehen oder nicht geschehen könnte oder was anders oder besser sein sollte.

Wenn Sie das Neue willkommen heißen, sind Sie frisch und unvoreingenommen. Dann haben Sie keine Zeit, in der Vergangenheit zu verweilen, sich über die Gegenwart zu beklagen oder sich Sorgen um die Zukunft zu machen.

Nehmen Sie das Neue voll und ganz im Jetzt an, dann gibt es keinen Grund, etwas anderes als glücklich zu sein. Dann ruhen Sie entspannt in der Herrlichkeit des Geschenks Ihres Lebens – wissend, dass Sie bereits vollständig sind, genau jetzt; wissend, dass es nichts in der Vergangenheit gibt, was des Grübelns wert wäre, und nichts in Zukunft besser sein könnte als das, was Sie genau jetzt *sind*. Dann sind Sie ganz präsent und bereit, Wunder zu empfangen.

Probleme loslassen

Dinge als Probleme zu betrachten, ist der schnellste Weg, um das Eintreten von Wundern in Ihr Leben zu verlangsamen.

Entscheidung ist der zentrale Punkt eines problemfreien, wundersamen Lebens. Sie können etwas wie gewohnt als Problem bewerten, oder Sie entscheiden sich, auf Ereignisse mit der Absicht zu reagieren, Ihr Bewusstsein zu erweitern. Indem Sie das Leben annehmen, wie es ist, werden Sie präsent und sinnerfüllt und entwickeln sich weiter.

Alles, was im Leben passiert, ist eine Chance, sich selbst zu entwickeln. Warum belasten Sie sich also unnötig damit, Dinge zu Problemen zu machen?

Sooft wir etwas als Problem betrachten, neigen wir dazu, uns zu wehren und im Widerstand zu sein. Das erzeugt unnötigen Stress und behindert die Freude. Indem Sie die Dinge akzeptieren und sie bewältigen, hören Sie auf, Leiden zu erzeugen, und schenken sich stattdessen Gelegenheiten, authentisch, intuitiv, kreativ und freudvoll zu leben.

Evolution beruht darauf, dass etwas in unserem Leben geschieht, was uns hilft, etwas zu sein, was wir noch nie waren, etwas zu wissen, was wir noch nie wussten, und etwas zu tun, was wir noch nie getan haben. Je unbekannter und herausfordernder die Situation, umso besser, denn desto mehr beschleunigt sie unsere Evolution. In diesem Buch geht es um das Loslassen von Dingen als Problemen – ein für alle Mal!

Wunder bewirken

Die Akzeptanz des Neuen und der Abschied von Problemen versetzen Sie in die Lage, sich Ihres größten Herzenswunsches zu erfreuen (was eine *innere* Erfahrung ist), nichts beweisen zu müssen (da Sie in Liebe leben) und zu erkennen, dass sich das Leben in Vollkommenheit entfaltet. Dann verflüchtigt sich der Drang, die Dinge verbessern zu wollen und etwas leisten zu müssen.

Doch obwohl Sie sich nicht mehr getrieben fühlen, das Leben zu verbessern, ist es immer noch hilfreich, Ziele zu haben. Sie helfen uns, die Welt zu erforschen, uns weiterzuentwickeln und spielerisch das Leben zu 200 Prozent zu genießen.

Konzentrieren Sie sich weniger darauf, etwas zu verbessern, etwas zu tun und etwas zu leisten. Achten Sie lieber darauf, zu lieben, zu sein und »anziehend« zu wirken.

Nutzen Sie die Macht des positiven Fokus, der erhebenden Emotionen, der Präsenz, der Wertschätzung, der Nichtanhaftung und der Kraft des Om, um das Gewünschte anzuziehen. Auf diese Weise Wunder zu bewirken, bedeutet, im Augenblick zu handeln; zu bemerken, wie sich die Dinge verändern, und sich dann im nächsten Augenblick für ein neues Handeln zu entscheiden. Damit ist weder Stress verbunden noch Aufopferung, denn das Ruhen in der Präsenz des eigenen Seins ist einfach erfüllend.

Wenn Sie ganz und gar im Hier und Jetzt sind, brauchen Sie keine Zukunft, die Sie erfüllt. Dann erleben Sie die Vollkommenheit und den Frieden, der Sie bereits sind, und spielen in der Welt in einer Haltung der Freude und des Dienens.

Hier geht es darum, die Macht des Universums zu nutzen, das Kämpfen aufzugeben und zu einem Magneten für Wunder zu werden.

Das Himmelreich ist innen

Ein von tiefer Freude, Liebe und Frieden erfülltes Leben ist das natürliche Nebenprodukt bei der Anwendung der hier dargestellten »Zehn inneren Lehren«. Mein Rat: Suchen Sie sich die Lehren aus, die Sie ansprechen, konzentrieren Sie sich darauf, diese zu meistern, und Sie werden einen echten Neubeginn erleben.

Ich hoffe, Sie hören auf, anders sein zu wollen, können sich daran erfreuen, wie perfekt Sie das Leben sind, und erleben eine unmittelbare Erfahrung der unbeschreiblichen Schönheit Ihrer göttlichen Präsenz.

Sie werden dabei ganz natürlich zu der zeitlosen Wahrheit erwachen, dass der Himmel kein Ort ist, an den wir kommen, sondern ein Ort, an dem wir schon die ganze Zeit sind.

Die Lehren leben

Tool Box – Werkzeugkiste

42 Tools zur Umsetzung
der »Zehn inneren Lehren«
im täglichen Leben

In diesem Anhang finden Sie eine Auswahl von Werkzeugen, um die »Zehn inneren Lehren« in Ihr Leben zu integrieren. Jedes Tool beginnt mit einer kurzen Einführung, in welcher der Sinn und Nutzen erklärt werden.

Ich empfehle, Antworten, für die im Buch kein bzw. nicht genügend Platz ist, in einem eigenen Heft zu notieren, damit Sie sich immer schnell darauf beziehen können.

Tool Nr. 1   Mein Selbstbild

Zur Stärkung Ihres Selbstwertgefühls gehört das Überarbeiten Ihres Selbstbildes.

Nutzen Sie dieses Tool, um sich über Ihr derzeitiges Selbstbild klar zu werden, und machen Sie sich Gedanken, wie Sie es verbessern können.

Welche Worte würden Sie verwenden, um sich selbst zu beschreiben?

Welche Worte würden Sie verwenden, um die Art Ihres Lebens zu beschreiben?

Tool Nr. 2   Quellen des Selbstausdrucks

Dieses Tool hilft Ihnen, die Quellen Ihres Selbstausdrucks zu erkennen.

Indem Sie erforschen, woher die Meinungen der Stimmen in Ihrem Kopf gekommen sind, brauchen Sie Ihre Gedanken nicht mehr so ernst zu nehmen. Es sind einfach Programmierungen, die durch Konditionierungen Ihrer Vergangenheit entstanden sind. Sie brauchen sich durch sie in Ihrem gegenwärtigen Leben nicht beeinflussen zu lassen! Sobald Sie sich ihrer bewusst sind, können Sie sich entscheiden, den inneren Kritiker zu ignorieren und nach dem zu streben, was Sie wollen, wissend, dass Sie es wert sind.

Zwei Aussagen meiner Eltern über mich:

Zwei Aussagen meiner Lehrer/Lehrerinnen über mich:

Zwei Aussagen meiner bisherigen Partner/Partnerinnen über mich:

Zwei Aussagen meiner Freunde / Freundinnen über mich:

Zwei Aussagen von anderen über mich:

Tool Nr. 3   Was ich erreicht habe

Sie haben Ihr bisheriges Leben lang Großartiges vollbracht.

Hier können Sie Ihre natürliche Leistungsfähigkeit erkennen, um zunehmend hochzuschätzen, wie fähig Sie eigentlich sind. Sie haben schon so viel geschafft, Sie können auch weiterhin etwas schaffen! Beim Nachdenken über Ihre frühesten und größten Leistungen achten Sie bitte auf die Fähigkeiten, Fertigkeiten und Qualitäten, die Sie dabei eingesetzt haben, und auf die sich daraus ergebenden positiven Konsequenzen. (Legen Sie mehrere solcher Tabellen an.)

Beispiel für sehr frühe Erinnerung:

Früheste Leistung: *Fahrrad fahren gelernt, als ich vier war*
Fähigkeiten, Qualitäten: *Gleichgewicht, Entschlossenheit, Teamwork*

Positive Konsequenzen: *Jahrelang mit dem Rad zur Arbeit gefahren; für Wohltätigkeitszwecke durch Neuseeland geradelt*

Meine frühesten Leistungen	
Eine meiner frühesten Leistungen	
Fähigkeiten, Qualitäten	
Positive Konsequenzen	

Meine größten Leistungen	
Eine meiner größten Leistungen	
Fähigkeiten, Qualitäten	
Positive Konsequenzen	

Tool Nr. 4   Persönlicher Kraftspruch

Heben Sie Ihr Selbstbild durch einen eigenen Kraftspruch.
Dieses Tool soll Ihnen helfen, eine kraftvolle Affirmation zu finden, mit der Sie Ihr Gehirn trainieren, positiver zu denken.

Wie Sie Ihren persönlichen Kraftspruch finden können

1. Unterstreichen Sie in den folgenden Listen die Adjektive, Substantive und Verben, zu denen Sie eine Resonanz spüren, und fügen Sie eigene Begriffe hinzu.
2. Wählen Sie höchstens drei Begriffe/Aussagen aus jeder Liste aus.
3a. Fügen Sie sie in einem Satz zusammen. Orientieren Sie sich dabei an der Struktur: *»Ich bin ein/e ... (Adjektive) ... (Substantive), der/die ... (Verben)!«*
3b. Beispiel: *»Ich bin eine begeisterte, leidenschaftliche Führungskraft und Gewinnerin, die andere inspiriert, sich Herausforderungen stellt und etwas bewirkt.«*
4. Sagen Sie sich Ihren persönlichen Kraftspruch mindestens zehn Mal am Tag mit Überzeugung.

Adjektive

atemberaubend	ausgeglichen	außergewöhnlich
beeindruckend	begeistert	dynamisch
echt	ehrlich	einzigartig
energiegeladen	entschieden	entschlossen
erfindungsreich	erfüllt	erleuchtet
erstaunlich	exotisch	explosiv
fabelhaft	feinsinnig	freundlich
fröhlich	geduldig	glücklich
großartig	großzügig	herrlich
hervorragend	hilfsbereit	inspirierend
interessant	kraftvoll	kreativ
lebendig	legendär	leidenschaftlich

liebevoll	lustig	mitfühlend
neugierig	respektvoll	schön
sensationell	sexy	stark
tapfer	unaufhaltsam	unglaublich
unvergesslich	warm	weise
wohlhabend	zauberhaft	zufrieden
...	...	...

Substantive

Begleiter/-in	Champion	Coach
Engel	Entertainer/-in	Feuerläufer/-in
Freund/-in	Führungskraft	Geist
Geschenk	Gewinner/-in	Held/-in
Helfer/-in	Künstler/-in	Lehrer/-in
Liebende/r	Meister/-in	Millionär/-in
Mutter/Vater	Naturtalent	Philosoph/-in
Redner/-in	Seelenpartner/-in	Sohn/Tochter
Team-Player/-in	Trainer/-in	Traumverwirklicher/-in
Typ	Überflieger/-in	Vorbild
Zuhörende/r	...	...

Verben

akzeptiert andere	liebt bedingungslos
begeistert andere	liebt das Leben
bewirkt etwas	schafft Ergebnisse
bringt Dinge in Bewegung	setzt neue Maßstäbe
fühlt sich gut, indem er/sie	stellt sich Herausforderungen
dazu beiträgt, dass sich	setzt sich ein
andere gut fühlen	strahlt und bringt andere
gewinnt	zum Strahlen
hört zu	
inspiriert andere	...
kommt an	...
lacht	...

Mein persönlicher Kraftspruch lautet:

Top-Tipp
Schreiben Sie Ihren persönlichen Kraftspruch auf mehrere Karten und verteilen Sie sie so in Ihrem Lebensumfeld, dass Sie sie häufig sehen, zum Beispiel am Kühlschrank oder am Spiegel.

Tool Nr. 5   Wertvolles Leben

Leben Sie im Einklang mit Ihren Werten!

Dieses Tool hilft Ihnen, sich über die Werte klar zu werden, die sich in Ihrem Leben widerspiegeln sollen. Sie können sich dabei auf Ihr Leben im Allgemeinen oder auf einen speziellen Bereich Ihres Lebens beziehen. Listen Sie die passenden persönlichen Werte auf und setzen Sie Prioritäten, sodass unter 1. die Qualität steht, die Ihnen am wichtigsten ist. Sie können diese Werte dann in die folgende Liste eintragen:

1.
2.
3.
4.
5.
6.
7.
8.

9. --

10. --

Nutzen Sie diese Liste, um zu beschreiben, wie Ihr Leben zukünftig unter Berücksichtigung Ihrer wichtigsten Werte aussehen soll. (Siehe auch die Hinweise bei Tool Nr. 6.)

Beschreiben Sie, wie Sie sich Ihr Leben wünschen:

Tool Nr. 6   Wertvolle Hinweise

Nutzen Sie diese Hinweise, um Ihre allgemeinen und kontextbezogenen Werte genau zu definieren.

Hinweis   Nr. 1

Stellen Sie sich einen Menschen vor, der Sie inspirieren würde, und listen Sie dessen Werte auf.

1. Imaginieren Sie eine Person, die alle Eigenschaften eines Menschen hat, den Sie bewundern und inspirierend finden würden.
2. Wovon wäre diese Person überzeugt? Woran würde sie glauben? Wie würde sie sich verhalten? Wie würde sie die Welt sehen? Wie würde sie mit anderen umgehen? Was wäre ihr wichtig?

3. Sehen Sie diese inspirierende Person jetzt innerlich vor sich oder entwickeln Sie ein Gespür für sie. Schreiben Sie die Werte dieser Person auf, bis Sie zwanzig bis dreißig Qualitäten gesammelt haben.

4. Diese Liste von Werten gehört natürlich nicht zu der vorgestellten Person, sondern zu einem anderen ganz bemerkenswerten Menschen: zu Ihnen!

Hinweis Nr. 2

Vergegenwärtigen Sie sich herausragende Momente, in denen Sie Ihr Leben als besonders lohnend oder eindrucksvoll erlebt haben.

1. Was war los, wer war dabei, worum ging es?

2. Welche Werte kamen in jenem Augenblick zur Geltung?

3. Beachten Sie den auftauchenden Energieschub, wenn Sie sich dieser Werte bewusst werden.

Hinweis Nr. 3

Vergegenwärtigen Sie sich Zeiten, in denen Sie verärgert, frustriert oder verstört waren.

1. Benennen Sie die Gefühle und die entsprechenden Umstände.

2. Kehren Sie es um: Was wäre das Gegenteil der Gefühle, die Sie damals erlebt haben?

3. Der Schlüssel liegt hier in der Erkenntnis, dass jede Störung und jeder Ärger ein Signal ist, weil einer oder mehrere Ihrer Werte zu kurz kamen oder unter Druck gerieten.

Erkennen Sie, was Sie im Leben brauchen.

1. Was brauchen Sie jenseits der materiellen Notwendigkeiten wie Nahrung, Schutz und Gemeinschaft, um sich im Leben gut zu fühlen (sich erfüllt zu fühlen)?

2. Welche Werte müssen Sie unbedingt achten, damit nicht irgendetwas in Ihnen abstirbt?

Vergegenwärtigen Sie sich Zeiten, in denen Sie bestimmte Werte ins Extrem getrieben haben.

1. Was haben die Leute um Sie herum gesagt?

2. Was sagen Sie selbst über sich?

Tool Nr. 7   Persönliches Profil

Gewinnen Sie einen klaren Überblick über Ihre gegenwärtige Lebenssituation.

Dieses persönliche Profil besteht aus einer Reihe von zehn Fragen; sie sollen Ihnen helfen, Informationen darüber zu sammeln, wie Sie über Ihr derzeitiges Leben denken. Ich empfehle Ihnen, sich für die Antworten genug Zeit zu nehmen. Je gründlicher Sie die Fragen beantworten, desto größer ist die Klarheit, auf der Sie Ihre Zukunft aufbauen können. Manche Fragen mögen für Sie wichtiger sein als andere. Beantworten Sie nur die Fragen, die Ihnen relevant erscheinen.

Fragen zum persönlichen Profil:

1. Beschreiben Sie Ihr gegenwärtiges Leben.

2. Benennen Sie drei Punkte, die Sie an Ihrem Leben lieben.

3. Benennen Sie drei Punkte, die Sie an Ihrem Leben hassen.

4. Beschreiben Sie drei besonders glückliche Lebenserinne-rungen von Ihnen.

5. Listen Sie die Punkte auf, die Ihnen in Ihrem Leben wichtig sind.

6. Wenn Sie sich bereits über Ihre Ziele im Klaren sind, listen Sie sie hier bitte auf.

7. Was halten Sie in Ihrem Leben aus?

8. Was hält Sie davon ab, zu tun, was Sie wollen?

9. Welche Inschrift hätten Sie gern auf Ihrem Grabstein?

10. Zeichnen Sie auf ein Blatt Papier ein Bild, das Ihr derzei-tiges Leben darstellt. Es geht dabei nicht um künstlerische Fähigkeiten. Und denken Sie nicht erst lange darüber nach. Fangen Sie einfach an zu zeichnen und schauen Sie, was dabei herauskommt – haben Sie Spaß dabei! Wenn Sie fertig sind, können Sie sich fragen, was Ihnen Ihr Bild über Ihr Leben erzählt.

Tool Nr. 8   101 Fragen, um Klarheit über mein Leben zu gewinnen

Die folgenden Fragen dienen dazu, Ihnen zu mehr Klarheit über Ihr Leben zu verhelfen.

Beantworten Sie alle Fragen, die Ihnen bedeutsam erschei-nen. Nach der letzten Frage haben Sie Platz, um die Nummern Ihrer zehn wichtigsten Fragen zu notieren: Gerade diese Fragen können Ihnen viel darüber sagen, auf welche Lebensbereiche Sie Ihre Aufmerksamkeit und Bemühungen konzentrieren könnten.

Die 101 Fragen sind nach zehn Lebensbereichen geordnet.

Liebe & Romantik

1. Haben Sie derzeit einen Partner/eine Partnerin?

2. Hätten Sie derzeit gern einen Partner/eine Partnerin?

3. Wodurch wissen Sie, ob Sie jemand liebt? Brauchen Sie es, ausgeführt und beschenkt zu werden, oder müssen Sie auf eine bestimmte Art angeschaut werden? Brauchen Sie es, dass Sie eine bestimmte Stimmlage oder bestimmte Worte hören oder dass Sie auf eine bestimmte Weise und an bestimmten Stellen berührt werden?
4. Zeigt Ihr Partner/Ihre Partnerin Ihnen seine/ihre Liebe so, wie Sie es sich wünschen?
5. Wie oft zeigen Sie Ihrem Partner/Ihrer Partnerin, dass Sie ihn/sie lieben?
6. Wie oft verhalten Sie sich Ihrem Partner/Ihrer Partnerin gegenüber zärtlich?
7. Wie würden Sie Ihr Liebesleben bewerten?
8. Wie intim und leidenschaftlich sind Sie miteinander, wenn Sie miteinander schlafen?
9. Vertrauen Sie Ihrem Partner/Ihrer Partnerin?
10. Sprechen Sie offen miteinander?
11. Haben Sie Spaß und lachen Sie oft miteinander?
12. Schätzt Ihr Partner/Ihre Partnerin Sie so, wie Sie sind, ohne zu versuchen, Sie zu ändern?
13. Schenkt Ihre Beziehung zu Ihrem Partner/Ihrer Partnerin Ihnen Energie oder kostet sie Sie Energie?
14. Gehen Sie Freunden und Verwandten gegenüber offen mit Ihrer sexuellen Orientierung um?

Familie & Freundschaften

15. Haben Sie Ihren Eltern in den letzten vier Wochen gesagt, dass Sie sie lieben?
16. Wie gut verstehen Sie sich mit Ihren Geschwistern?
17. Haben Sie die Beziehungen beendet, die Sie behindern oder Ihnen schaden?
18. Tratschen Sie über andere?
19. Haben Sie einen Kreis von Freunden, der Sie einfach für Ihr Dasein schätzt, unabhängig davon, was Sie für sie tun?

20. Sind Sie mit Ihrer Post, Ihren E-Mails und Telefonaten up to date?
21. Haben Sie den Menschen, die Sie absichtlich oder unabsichtlich verletzt haben, voll und ganz vergeben?
22. Wie oft sehen Sie Ihre Freunde und Verwandten?
23. Wie würden Sie Ihre gemeinsame Zeit bewerten?
24. Würden Sie sagen, dass Sie Ihren Freunden und Verwandten nahestehen?
25. Genießen Sie offene, aufrichtige, mitfühlende Gespräche?
26. Bitten Sie Ihre Familie und Ihre Freunde um Hilfe, wenn Sie es brauchen?
27. Fühlen Sie sich durch die Beziehungen zu Ihrer Familie und Ihren Freunden eher gestärkt oder eher belastet?
28. Verbringen Sie Zeit mit Menschen, die nicht versuchen, Sie zu ändern, sondern Sie einfach so lieben, wie Sie sind?

Gesundheit & Vitalität

29. Wie bewerten Sie Ihr Energieniveau?
30. Wie bewerten Sie Ihren allgemeinen Gesundheitszustand?
31. Haben Sie anhaltende gesundheitliche Probleme?
32. Trinken Sie die empfohlene Menge Wasser?
33. Wie würden Sie Ihre Ernährung bewerten?
34. Bewegen Sie sich mindestens drei Mal die Woche sportlich?
35. Wie oft nehmen Sie pro Woche Koffein zu sich (Kaffee, Tee, Cola, Schokolade)?
36. Wie viel Zucker nehmen Sie täglich zu sich?
37. Wie viel sehen Sie täglich fern?
38. Wie oft trinken Sie Alkohol – und in welcher Menge?
39. Rauchen Sie, und wenn ja, wie viele Zigaretten pro Woche?
40. Wie gesund sind Ihre Zähne und Ihr Zahnfleisch?
41. Haben Sie sich in den letzten drei Jahren einmal gründlich in einer Arztpraxis durchchecken lassen?
42. Liegt Ihr Gewicht im Rahmen dessen, was Sie für sich gut finden?

43. Wie gut ist Ihr Gehör?
44. Haben Sie körperliche oder emotionale Probleme, und falls ja, wie gut kümmern Sie sich darum?

Beruf & Karriere

45. Arbeiten Sie in einem Beruf, den Sie schon jetzt (oder voraussichtlich bald) in finanzieller und persönlicher Hinsicht als lohnend empfinden?
46. Wie würden Sie Ihre alltägliche Arbeit bewerten?
47. Wie bewerten Sie Ihre beruflichen Aussichten?
48. Stresst Sie Ihre Arbeit?
49. Arbeiten Sie wöchentlich so viele Stunden, wie es Ihnen angenehm ist?
50. Sind Sie mit der Menge an Arbeit zufrieden, die Sie zu erledigen haben?
51. Empfinden Sie Ihre Arbeit als sinnvoll und erfüllend?
52. Sind die Werte Ihrer Arbeit oder Ihres Arbeitsgebers im Einklang mit Ihren persönlichen Werten?
53. Wie würden Sie Ihre Beziehungen zu Kollegen und Kunden bewerten?
54. Welche Fertigkeiten, welches Wissen und/oder welche Qualitäten entwickeln Sie, um Ihre Arbeit effizienter oder effektiver auszuführen?
55. Werden Sie auf eine Weise entlohnt, die zu Ihrem Einsatz und Ihren Verantwortlichkeiten passt?

Wohlstand & Zugang zu Ressourcen

56. Betrachten Sie Ihr Leben als ein Leben in Fülle oder als ein Leben im Mangel?
57. Wie viel Geld haben Sie: verfügbares Geld, Ersparnisse, Anlagen/Investitionen etc.?
58. Wenn Sie Ihr Haus bzw. Ihre Eigentumswohnung und/oder Ihr Unternehmen morgen verkaufen würden, wie viel Geld würde Ihnen das einbringen?

59. Was besitzen Sie?
60. Wen kennen Sie? Denken Sie an die Menschen, mit denen Sie arbeiten; für die Sie arbeiten; die für Sie arbeiten; Familie, Freunde, Nachbarn; Schulkameraden; ehemalige Vorgesetzte und Kollegen; Kunden etc. Wen kennen Sie außerdem? Wen kennen diese Leute? Was besitzen diese Menschen?
61. Auf welches Eigentum anderer Menschen haben Sie Zugriff?

Lebens- & Arbeitsumfeld

62. Wie steht es um Ihr physisches Lebensumfeld?
63. Wo leben Sie?
64. Wie bewerten Sie Ihren Wohnort?
65. Wie würden Sie die Sicherheit Ihrer Straße, Ihrer Stadt, Ihres Landes beurteilen?
66. Wie bewerten Sie die Sauberkeit Ihrer Straße, Ihrer Stadt, Ihres Landes?
67. Wie steht es um Ihr physisches Arbeitsumfeld?
68. Wie würden Sie Ihren Arbeitsplatz bewerten?
69. Wie beurteilen Sie Ihre Institutionen für Aus- und Weiterbildung?
70. Wie würden Sie die Orte bewerten, an denen Ihr Sozialleben stattfindet?

Spaß & Erholung

71. Wie viel Spaß haben Sie in Ihrem täglichen Leben?
72. Sind Sie so lustig, wie Sie gerne wären?
73. Können Sie lustig sein und Spaß haben?
74. Arbeiten Sie mit Menschen und verbringen Sie Ihre Freizeit mit Menschen, die Spaß machen?
75. Tun Sie Dinge in Ihrem persönlichen Leben, die Spaß bereiten?
76. Haben Sie Hobbys, die Sie erfreuen?

77. In welchen Gruppen sind Sie ein Mitglied?
78. Machen Sie Urlaub, und wenn ja, wo?
79. Gibt es an den meisten Tagen etwas, worauf Sie sich freuen?
80. Können Sie entspannen?
81. Was tun Sie, um sich zu entspannen?
82. Würden Sie gern öfter entspannen, als Sie es tun?

Persönliches Wachstum & Entwicklung

83. Haben Sie den Eindruck, Sie entwickeln sich als Mensch weiter?
84. Was tun Sie, um sich weiterzuentwickeln?
85. Was lesen Sie, was schauen Sie, was hören Sie, um sich zu entwickeln?
86. An welchen Seminaren oder Konferenzen nehmen Sie teil, welche Ausstellungen besuchen Sie?
87. Welche zentralen Fertigkeiten und Fähigkeiten entwickeln Sie derzeit weiter?

Beitrag zum Wohl anderer

88. Wie nutzen Sie Ihre einzigartigen Fähigkeiten außerhalb Ihrer Arbeit, um das Leben anderer Menschen zu verbessern?
89. Suchen Sie nach Wegen, um zum Wohl anderer beizutragen?
90. Spenden Sie für wohltätige Zwecke?
91. Setzen Sie Ihre persönlichen Ressourcen ein (Fähigkeiten, Zeit, Geld etc.), um anderen zu helfen?
92. Wie oft tun Sie das?
93. Geben Sie so viel und so oft, wie Sie können?
94. Würden Sie sich erfüllter fühlen, wenn Sie mehr geben würden?

Spiritualität & Selbsterkenntnis

95. Was bedeutet der Begriff »Spiritualität« für Sie?
96. Ist Ihre Spiritualität so, wie Sie es sich wünschen?

97. Meditieren Sie, und wenn ja, meditieren Sie so oft, wie Sie es gern würden?
98. Leben Sie im Einklang mit den Einstellungen und Überzeugungen Ihrer Spiritualität?
99. Wie bereit sind sie, zu vergeben und zu akzeptieren?
100. Sind Sie sich anderer spiritueller Praktiken oder anderer Wege, den persönlichen Glauben zu leben, bewusst?
101. Wie sehr sind Sie mit sich und Ihrem Leben im Frieden?

Meine zehn wichtigsten Fragen:

1. Nr.	6.	(Textlaut und Ant-
2.	7.	worten ins Heft
3.	8.	übertragen.)
4.	9.	
5.	10.	

Tool Nr. 9   Lebenszeit-Fokus

Ihr Leben ist kostbar.

Dieses Tool hilft Ihnen, sich darüber klar zu werden, wie Sie Ihr Leben am liebsten hätten.

Ihr derzeitiges Alter: ....

Ihr Alter in fünf Jahren: ....

Welche fünf Dinge möchten Sie in den nächsten fünf Jahren erreichen?

1. ....

2. ....

3. ....

4. ....

5. ....

Wenn Sie in Ihrem Leben alles erreichen könnten, wie sähen die folgenden Aspekte Ihres Lebens aus?

☒ Körper

....

....

....

....

☒ Beziehungen

....

....

....

....

☒ Beruf

....

....

....

....

☒ Finanzen

....

....

....

....

Größter Herzenswunsch:
Was wünschen Sie sich mehr als alles andere – und warum?

Tool Nr. **10**   Liebe-Hass-Überblick

Leben Sie ein Leben, das Sie lieben!

Listen Sie all die Dinge auf, die Sie lieben und hassen. Seien Sie präzise. Denken Sie an Ihre Beziehungen, Ihren Beruf, Ihr Lebens- und Arbeitsumfeld, Ihre Hobbys und so weiter. Achten Sie auf Muster und Themen.

Ich liebe

Ich hasse

Manchmal ist es leichter, zu beschreiben, was man *nicht* will. Sie können herausfinden, was Sie wollen, indem Sie die Dinge, die Sie hassen, in ihr Gegenteil verkehren. Angenommen, Sie hassen es, in einem Büro »eingesperrt« zu sein, dann kann Ihnen bewusst werden, dass Sie es lieben, sich »frei in der Natur und an der frischen Luft bewegen« zu können.

Tool Nr. **11** Wohlfühlzeiten

Entdecken Sie mehr über die Dinge, die Sie im Leben genießen.

Denken Sie an eine bestimmte Zeit, zu der Sie sich gut gefühlt haben, und beantworten Sie die unten stehenden Fragen. Achten Sie dabei auf Muster, Themen und Erkenntnisse.

Was haben Sie gemacht?	
Wo haben Sie es gemacht?	
Wie haben Sie es gemacht?	
Was haben Sie dabei empfunden?	

Warum haben Sie sich so gefühlt?	
Was ist dabei noch bedeutsam?	

Tool Nr. **12** Auswirkungen

Ihre Zeit ist kostbar.

Es ist weise, Ihre Zeit zu nutzen, um die Dinge zu verändern, die die größte Auswirkung auf Ihr Glück und Ihr Wohlbefinden haben.

Die Verbesserung welcher zwei Beziehungen hätte die größte Auswirkung auf Ihr Leben?	
Das Delegieren welcher zwei Punkte hätte die größte Auswirkung auf Ihr Leben?	
Das Aufräumen welcher zwei Chaos-Bereiche hätte die größte Auswirkung auf Ihr Leben?	
Die Entwicklung welcher zwei Fähigkeiten hätte die größten Auswirkungen auf Ihr Leben?	

Die Einführung welcher zwei Gewohnheiten hätte die größte Wirkung auf Ihr Leben?	
	.

Gehen Sie jetzt zum Tool Nr. 13, den »Zielen zur Lebensverbesserung«, um sicherzustellen, dass die oben genannten Ziele sich auch positiv auf Ihr Leben auswirken werden.

Tool Nr. **13** Ziele zur Lebensverbesserung

Wie wird das Erreichen des erwünschten Ergebnisses den jeweiligen Lebensbereich verbessern?

Kreuzen Sie das kleine Kästchen bei all jenen Lebensbereichen an, die sich durch das Erreichen Ihres Ergebnisses verbessern werden. Addieren Sie die Kreuze, um Ihr Gesamtergebnis zu sehen. (Der maximale Wert wäre also 10.) Schreiben Sie in die zweite Spalte die Gründe, warum Sie diesen Bereich angekreuzt haben. Das soll Ihnen helfen, Ihre Zeit und Ihre Energie auf die Ergebnisse zu lenken, die Ihr Leben am meisten verbessern.

Ziele-Lebensverbesserungs-Bilanz	
	Gründe für die Einschätzung
Liebe & Romantik ☐	
Familie & Freundschaften ☐	

Gesundheit & Vitalität	☐	
Beruf & Karriere	☐	
Wohlstand & Zugang zu Ressourcen	☐	
Lebens- & Arbeits- umfeld	☐	
Spaß & Erholung	☐	
Persönliches Wachstum & Entwicklung	☐	
Beitrag zum Wohl anderer	☐	
Spiritualität & Selbst- erkenntnis	☐	
Gesamtsumme der Kreuzchen	☐	

War Ihr Ergebnis hoch genug? Falls nicht, gehen Sie zurück und erforschen Sie, was Sie wirklich und wahrhaftig wollen. Falls ja, können Sie mit Tool Nr. 15, den »M.E.A.N.T. T.O. B.E.-Zielen«, weitermachen und Wunder bewirken.

Tool Nr. 14 Mein Dream-Team

Umgeben Sie sich mit Menschen, die Sie unterstützen.

Schreiben Sie die Namen der Menschen Ihres Teams auf: Personen aus Ihrem Leben, die Sie genau so, wie Sie sind, akzeptieren, herausfordern, unterstützen und lieben. Diese Leute sind Ihr Dream-Team, weil sie wollen, dass Sie Ihrem Lebenstraum nachgehen. Schreiben Sie die Namen aller anderen Personen aus Ihrem Leben in die Kategorie »Sonstige Menschen«. Sie können Letztere auch weiterhin genau so lieben, wie sie sind, und sich dennoch gleichzeitig enger mit Ihrem Dream-Team zusammenschließen.

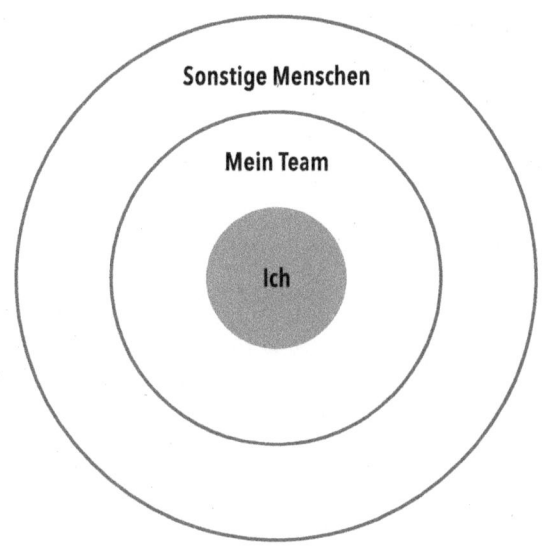

So haben Sie bei der Erfüllung Ihrer Ziele das Universum auf Ihrer Seite.

Formulieren Sie Ihre Ziele so, dass sie wie vorherbestimmt wirken. M.E.A.N.T. T.O. B.E. ist ein Akronym für:

M	**E**	**A**	**N**	**T**
Meaningful Mission	Energising & Exciting	Achievable & Ambitious	Now Present	Timings Realistic
Sinnvolle Mission	**Anregend & spannend**	**Erreichbar & ehrgeizig**	**Jetzt Präsens**	**Zeitplan realistisch**

T	**O**	**B**	**E**
Towards Dreams	Owned & Optimistic	Beliefs Honoured	Ethical & Universal
Richtung Träume	**Angeeignet & optimistisch**	**Überzeugungen gewürdigt**	**Ethisch & universell**

- ☒ **Sinnvolle Mission:** Das Ergebnis fühlt sich wirklich sinnvoll an.
- ☒ **Anregend & spannend:** Das Ergebnis schenkt Ihnen Energie.
- ☒ **Erreichbar & ehrgeizig:** Das Ergebnis ist eine Herausforderung.
- ☒ **Jetzt/Präsens:** Das Ergebnis ist im Präsens (in der Gegenwartsform) formuliert.
- ☒ **Zeitplan ist realistisch:** Das Ergebnis hat ein Fertigstellungsdatum.
- ☒ **Richtung Träume:** Das Ergebnis hilft Ihnen, Ihre Lebensziele zu erreichen.

☒ **Angeeignet & optimistisch**: Sie haben sich das Ergebnis zu eigen gemacht und sehen es positiv.

☒ **Überzeugungen werden gewürdigt**: Das Ergebnis passt zu den persönlichen Überzeugungen.

☒ **Ethisch & universell**: Das Ergebnis schadet niemandem und schenkt Ihnen die Möglichkeit, sich selbst und der gesamten Menschheit Gutes zu tun.

Tool Nr. **16** Die Manifestation von M.E.A.N.T. T.O. B.E.-Zielen

Machen Sie die Manifestation Ihrer Träume zu etwas, was sich unausweichlich anfühlt.

Dieses Tool verwenden Sie am besten, indem Sie sich von jemandem die Fragen stellen lassen und *Ihr Unbewusstes* antworten lassen. Ich empfehle, dass Sie sich still hinsetzen und nicht sprechen. Nicken Sie einfach mit dem Kopf, sobald Sie das Gefühl haben, Ihr Unbewusstes hat geantwortet, damit die andere Person weiß, wann sie die nächste Frage stellen kann. Wenn Sie die Fragen auf diese Weise durchgegangen sind, werden sich Ihre Ziele sehr wahrscheinlich um einiges näher, klarer, erreichbarer und unausweichlich anfühlen.

1. Was willst du, ganz präzise?
2. Wo stehst du damit jetzt?
3. Wozu willst du das, für welchen Zweck?
4. Was wirst du sehen, hören, fühlen, wenn du es erreicht hast?
5. Woran wirst du erkennen, dass du es erreicht hast?
6. Was nutzt dir dieses Ergebnis?
7. Was ermöglicht dir dieses Ergebnis?
8. Von wem ist das Erreichen dieses Ergebnisses abhängig?
9. Wo willst du das?
10. Wann willst du das?

11. Wie willst du das?
12. Mit wem willst du das?
13. Welche Überzeugungen hast du, die dir dabei helfen?
14. Welche Überzeugungen brauchst du jetzt, um das zu erreichen?
15. Was hast du jetzt – und was brauchst du noch, um dein Ergebnis zu erreichen?
16. Hast du das schon mal erreicht oder gehabt?
17. Kennst du jemanden, der es schon mal erreicht oder gehabt hat?
18. Was wirst du verlieren, wenn du es erreichst?
19. Was wirst du gewinnen, wenn du es erreichst?
20. Wie wird dieses Ergebnis die Welt bereichern?

Tool Nr. 17 Frieden ist jetzt möglich

Bemerken Sie, worauf Ihre Aufmerksamkeit gerichtet ist, wenn Sie sich schlecht fühlen.

Sie werden vermutlich feststellen, dass Sie in schlechten Stimmungen an eine vergangene Erinnerung oder eine zukünftige Möglichkeit denken. Solange unsere Aufmerksamkeit im gegenwärtigen Augenblick bleibt, erleben wir in der Regel inneren Frieden, Liebe, Freude und/oder Zufriedenheit.

Denken Sie an einen Zeitpunkt ...,	
... als Sie einmal ärgerlich waren. Worauf richtete sich Ihre Aufmerksamkeit?	

... als Sie einmal traurig waren. Worauf richtete sich Ihre Aufmerksamkeit?	
... als Sie sich einmal schuldig fühlten. Worauf richtete sich Ihre Aufmerksamkeit?	
... als Sie einmal besorgt waren. Worauf richtete sich Ihre Aufmerksamkeit?	
... als Sie einmal zufrieden waren. Worauf richtete sich Ihre Aufmerksamkeit?	

Tool Nr. **18** Innehalten – Wahrnehmen

Eine Möglichkeit, mehr im Augenblick anzukommen, besteht darin, auf die Sinneswahrnehmungen zu achten.

Dieses Tool kann Ihnen helfen, innezuhalten und den Augenblick mit Ihren Sinnen wahrzunehmen.

<u>Sehen</u>   Achten Sie darauf, was Sie sehen.

Schauen Sie nur, ohne dem Sichtbaren Etiketten zu verpassen.
Achten Sie auf die Farben, Formen, Strukturen. Bemerken Sie das Licht.
Sehen Sie die Abstände zwischen den Dingen. Bemerken Sie den Raum.
Richten Sie Ihre Aufmerksamkeit auf einzelne Dinge.
Bemerken Sie Einzelheiten, die Ihnen bislang entgangen sind.
Erweitern Sie Ihre Aufmerksamkeit jetzt auf die Peripherie Ihres Sichtfeldes. Sehen Sie, was alles rechts und links von Ihnen ist.
Sehen Sie jetzt alles, was sich oberhalb und unterhalb Ihres Sichthorizonts befindet.

<u>Spüren</u>   Achten Sie darauf, was Sie spüren.

Bemerken Sie jetzt alles, was Sie berühren. Spüren Sie Ihre Kleidung, den Boden, vielleicht den Stuhl, auf dem Sie sitzen.
Spüren Sie die Luft, die Sie umgibt, die Sie so zart und liebevoll von allen Seiten berührt.
Spüren Sie die Temperatur. Die Luft, die in Sie ein- und aus Ihnen herausströmt. Wie es sich anfühlt zu atmen.
Spüren Sie die Lebendigkeit in Ihnen und um Sie herum.
Spüren Sie einfach.

<u>Hören</u>   Achten Sie darauf, was Sie hören.

Lauschen Sie. Vermeiden Sie es, die Geräusche zu benennen oder zu bewerten. Hören Sie einfach hin.
Achten Sie darauf, ob Sie ein Geräusch hören, das Sie noch nicht wahrgenommen haben.

Lauschen Sie jetzt auf die Stille, in die alle Geräusche eingebettet sind.
Und auf die Geräusche, die diese Stille ermöglichen.
Achten Sie auf alles, was Sie schmecken und riechen können.
Öffnen Sie sich für alle Ihre Sinne.

Tool Nr. **19**   Der Zauber im Alltäglichen

Wenn Sie präsent sind, können Sie selbst in gewöhnlichen Tätigkeiten das Besondere erkennen.
Dieses Tool zeigt Ihnen, wie Sie das bewerkstelligen.

Tägliches Unterwegssein

Bleiben Sie präsent, wenn Sie unterwegs sind ...,
sei es zu Fuß, im Auto, Zug, Bus oder Flugzeug: Richten Sie Ihre
Aufmerksamkeit auf die Reise, nicht auf das Ziel. Versuchen Sie, jeden
Schritt voll und ganz wahrzunehmen. Alles ist in unglaubliche Schönheit, Liebe und Humor eingebettet. Bemerken Sie es.

Tägliche Aufgaben

Bleiben Sie präsent, wenn Sie etwas säubern und pflegen ...,
sei es sich selbst, das Haus, das Auto oder das Geschirr: Achten Sie dabei
auf Ihre Sinneswahrnehmungen. Sehen Sie, wie sich das Licht bricht und
spiegelt. Lauschen Sie auf all die Geräusche und die Stille, die diese
Geräusche ermöglicht. Bemerken Sie, wie sich die Gegenstände in Ihren
Händen anfühlen.

Tägliche Gespräche

Bleiben Sie präsent, wenn Sie kommunizieren ...,
sei es mit Freunden, Verwandten, Kollegen, Nachbarn oder anderen:
Streben Sie es an, während der gesamten Erfahrung präsent zu bleiben
und zu bemerken, was Sie hören, sehen und spüren. Hören Sie aufmerksam zu und gönnen Sie sich einen Moment der Stille, bevor Sie antworten. Schenken Sie jedem Menschen, dem Sie begegnen, Ihre volle
Aufmerksamkeit, unabhängig davon, was dabei »für Sie drin ist« oder
wie »wichtig« dieser Mensch zu sein scheint.

Bleiben Sie präsent, wenn Sie irgendetwas sind oder tun …
Richten Sie bei allem, was Sie täglich tun, Ihre Absicht darauf, sich nach bestem Vermögen des wundervollen Augenblicks bewusst zu sein.

Tool Nr. **20** 3-C-Sehen (*)

(*) Im Englischen »3C Vision«: *calm, confident, content.*

Nutzen Sie Ihre Augen für eine positive Veränderung.
Dieses Tool kann Ihnen helfen, präsent und geistig klar zu werden und sich ruhig *(calm)*, zuversichtlich *(confident)* und zufrieden *(content)* zu fühlen.

Anleitung:

1. Schauen Sie auf einen Punkt an der Wand. Idealerweise sollte er etwas über Ihrer Augenhöhe liegen, sodass es sich anfühlt, als würden Sie durch Ihre Augenbrauen schauen.
2. Schauen Sie weiter auf diesen Punkt und lassen Sie Ihr Denken los. Richten Sie alle Aufmerksamkeit auf diesen Punkt. Vielleicht entsteht jetzt der Impuls, einmal tief durchzuatmen. Falls ja, geben Sie ihm nach.
3. Bemerken Sie, wie sich Ihr Sichtfeld ganz unmittelbar ausweitet. Sie werden anfangen, mehr in der Peripherie Ihres Sichtfeldes wahrzunehmen als in der Mitte.
4. Achten Sie jetzt mehr auf die Peripherie Ihres Sichtfeldes als auf den zentralen Bereich. Schauen Sie weiter geradeaus und nehmen Sie gleichzeitig die Farben, Schattierungen und Formen in der Peripherie wahr. Achten Sie darauf, was Sie rechts und links, oben und unten sehen.
5. Bemerken Sie, wie es sich anfühlt, und ob Ihr Geist ruhiger ist.

Mit etwas Übung können Sie dieses »3-C-Sehen« während des ganzen Tages anwenden: beim Lesen, beim Gehen, während Sie sich unterhalten …, wann immer Sie sich *calm, confident* und *content* – ruhig, zuversichtlich und zufrieden – fühlen möchten.

Tool Nr. **21** Was glaube ich, wer ich bin?

Sie sind nicht, wer Sie zu sein meinen.

Nutzen Sie dieses Tool, um klarer zwischen sich selbst und den Lebensumständen zu unterscheiden. Hinweis: Sie sind *nicht* Ihr Titel, Ihr Familienstand etc.!

Stellen Sie sich vor, Sie sind auf einer Party und jemand fragt Sie: »Und wer sind Sie?« Was würden Sie antworten?

Bemerken Sie den Unterschied zwischen dem, wer Sie zu sein meinen, und dem, was Sie tun.

Top-Tipp: Wer Sie sind, ist beständig, unveränderlich und hat nichts damit zu tun, wie Sie sich innerhalb Ihrer Lebensumstände verhalten. Sie sind das bewusste Gewahrsein, das bemerkt, was Sie zum jeweiligen Zeitpunkt gerade tun.

Tool Nr. 22 Liebesbarometer

Schätzen Sie ein, wie liebevoll Sie mit sich selbst und mit anderen umgehen.

Dies ist eine bewusstseinsbildende Übung. Gehen Sie also bitte hinsichtlich der Ergebnisse freundlich mit sich und Ihrem Leben um und ändern Sie liebevoll, was der Veränderung bedarf.

Sich selbst lieben

Wie schätzen Sie auf einer Skala von 1 bis 10 Ihre Liebe und Akzeptanz für sich selbst ein – genau so, wie Sie heute sind?

1	2	3	4	5	6	7	8	9	10	+ MEHR

Was können oder wollen Sie an sich selbst NICHT akzeptieren oder lieben?

Das Leben lieben

Wie schätzen Sie auf einer Skala von 1 bis 10 Ihre Liebe und Akzeptanz für Ihr Leben ein – genau so, wie es heute ist?

1	2	3	4	5	6	7	8	9	10	+ MEHR

Was können oder wollen Sie an Ihrem Leben NICHT lieben und akzeptieren?

Bemerken Sie, warum Sie sich selbst, andere Menschen und das Leben nicht bedingungslos lieben. Sind Sie bereit, diese Gründe loszulassen, um frei zu sein, voll und ganz zu lieben?

Tool Nr. 23 Das Urteilsspiel

Urteile stecken Ihr Leben in eine Schublade.

Um weniger zu urteilen, müssen Sie das Urteilsspiel erkennen, das sich ständig in Ihrem Geist abspielt. Sobald der Geist über Ihr Leben urteilt, steckt er das Geschehen in eine oder mehrere der im 1. Schritt aufgeführten sechs Schubladen. Wenn Sie beispielsweise mit einer Person Schwierigkeiten haben, stecken Sie sie vielleicht in die »Falsch«- oder in die »Schlecht«-Schublade.

1. Schritt:

Stecken Sie eine Person, über die Sie derzeit urteilen, in eine oder mehrere der folgenden Schubladen:

gut	richtig	besser
schlecht	falsch	schlechter

2. Schritt:

Schreiben Sie nun das, was Sie verurteilen, in den Kasten:

So ist es einfach:

3. Schritt:

Bemerken Sie, wie es sich anfühlt, die Dinge sein zu lassen, wie sie sind. Bemerken Sie, was Sie als schlecht, falsch oder schlechter bewerten, und werden Sie sich bewusst, dass Sie sich auch entscheiden können, frei zu sein, indem Sie das Leben so lassen, wie es ist.

Tool Nr. **24** Lösungen finden

Stecken Sie mit einem Problem fest?

Mit diesem Tool können Sie sich bewusst machen, welche Ressourcen Sie zur Verfügung haben. Nutzen Sie das Ergebnis, um Ihre Ideen umzusetzen: Anrufe zu tätigen, Geld auszugeben, Fähigkeiten einzusetzen – Sie werden staunen!

Was ist das Problem?	
Sie selbst Die Qualitäten, Begabungen und Fähigkeiten, die Sie mitbringen, z.B. Freundlichkeit, Humor, Kreativität ...	
Andere Menschen Jeder kennt durchschnittlich 250 Menschen. Welche Ihrer Bekannten könnten Ihnen helfen? Wen kennen Ihre Bekannten?	

Geld Wie viel Geld haben Sie: Bargeld, Ersparnisse, Anlagen etc.?	
Andere Dinge Was besitzen Sie? Welches Eigentum anderer Leute ist für Sie verfügbar?	
Welche Schritte können Sie unternehmen, um einer **Lösung** näher zu kommen?	

Tool Nr. 25 Situations-Reframing

Ändern Sie Ihre Sicht der Dinge – und die Dinge werden sich verändern.

Indem Sie eine Situation aus einer positiveren und produktiveren Perspektive sehen, können Sie Aspekte erkennen, die Ihnen vorher verborgen waren.

Beschreiben Sie eine schwierige Situation, die Ihre Kreativität erfordert.

> **Wenn Sie zaubern könnten und Ihnen alles möglich wäre, was würden Sie tun?**

> **Welchen Rat würden Sie jemandem geben, der in einer ähnlichen Situation steckt?**

> **Welcher Aspekt dieser Situation wird in einem Jahr noch von Bedeutung sein?**

Tool Nr. **26** Quanten-Denken

Quanten-Denken ist eine äußerst kraftvolle Art, Ihnen zu helfen, »*outside the box*« zu denken.

Es hilft Ihnen, außerhalb Ihrer gewohnten Denkmuster kreative Lösungen für schwierige Situationen zu finden. Wenn Sie ein Problem haben, können Sie die vier verschiedenen Arten von Fragen verwenden, um Ihr Denken zu strukturieren. Das Ziel: eine kreative Lösung zu finden, auf die Sie mit Ihrem gewohnten Denken nicht kommen würden.

Ihr Verstand mag zunächst sagen, Sie wüssten keine Lösung. Ignorieren Sie diesen Gedanken. Entspannen Sie sich und lassen Sie Ihr inneres Wissen aufsteigen.

+ +

Wahrnehmung der ZUKUNFT:
Was wird passieren, wenn Sie es tun/bekommen?

Wahrnehmung des PROBLEMS:
Was ist das Problem?

Wahrnehmung des LERNENS:
Wovon wissen Sie, dass Sie es wissen?

- +

Wahrnehmung der ZUKUNFT:
Was wird nicht passieren, wenn Sie es tun/bekommen?

Wahrnehmung des PROBLEMS:
Was ist das Problem nicht?

Wahrnehmung des LERNENS:
Wovon wissen Sie nicht, dass Sie es wissen?

+ -

Wahrnehmung der ZUKUNFT:
Was wird passieren, wenn Sie es nicht tun/bekommen?

Wahrnehmung des PROBLEMS:
Was müssen Sie wissen, damit diese Sache ein Problem ist?

Wahrnehmung des LERNENS:
Wovon wissen Sie, dass Sie es nicht wissen?

- -

Wahrnehmung der ZUKUNFT:
Was wird nicht passieren, wenn Sie es nicht tun/bekommen?

Wahrnehmung des PROBLEMS:
Was dürfen Sie nicht wissen, damit diese Sache ein Problem ist?

Wahrnehmung des LERNENS:
Wovon wissen Sie nicht, dass Sie es nicht wissen?

Beispiel für eine Lösungsforschung mit Quanten-Denken:

Was ist das Problem?
Ich bin empört, weil mein Vater mich als Kind angebrüllt hat.
Was ist das Problem nicht?
Es ist nicht mehr aktuell. (Hm, das hatte ich mir noch nicht klargemacht.)
Was muss ich wissen, damit das ein Problem ist?
Ich muss wissen, dass er das tat, weil er mich abgelehnt hat.
(Hm, das fühlt sich aus heutiger Sicht nicht so ganz richtig an.)
Was darf ich nicht wissen, damit es ein Problem ist?
Ich darf nicht wissen, dass mein Vater mich liebt. (Das habe ich noch nie bedacht, weil ich immer so damit beschäftigt war, dass ich von meinem Vater angebrüllt wurde. Ich fühle mich jetzt besser im Hinblick auf dieses Kindheitsereignis, weil ich mehr erkennen kann, dass mich mein Vater liebt.)

Tool Nr. **27** Loslassen

Lassen Sie Ihr Problem los, ein für alle Mal.

Nutzen Sie diesen Prozess nur, wenn Sie bereit sind, das Problem jetzt loszulassen. Er kann Ihnen helfen, eine andere Perspektive einzunehmen, aus der Sie über das Problematische an der Situation hinausschauen und darin eine Chance erkennen können, Ihr Bewusstsein zu erweitern und Ihre Entwicklung voranzubringen.

1. Haben Sie ein Problem, das Sie gern loswären?
2. Was hat es Ihnen gebracht, dass Sie es bis jetzt ein Problem sein ließen?
3. Was würde es Ihnen bringen, es von nun an kein Problem mehr sein zu lassen?
4. Warum waren Sie hinsichtlich dieser Situation bis jetzt im Widerstand?

5. Was könnten Sie daraus lernen, sodass diese Situation aufhört, ein Problem zu sein, und stattdessen Ihre persönliche Evolution fördert?
6. Was passiert in Ihnen, wenn Sie aktiv beschließen, Ihren Frieden wichtiger zu nehmen als dieses Problem?

Stellen Sie sich vor, wie sämtlicher übriger Widerstand Sie jetzt vollständig verlässt und durch reine Akzeptanz ersetzt wird. Erinnern Sie sich: Es geht nicht um »gut oder schlecht«, »richtig oder falsch«, »besser oder schlechter«. Es ist einfach, wie es ist.

Atmen Sie ein paarmal tief durch. Spüren und genießen Sie, wie anders Sie sich jetzt in Bezug auf diese Situation fühlen, die Sie bis soeben für ein Problem gehalten haben.

Tool Nr. 28   Rückblick hilft

Im Nachhinein lässt sich oft leichter erkennen, wie positiv sich vergangene Probleme ausgewirkt haben.

Nutzen Sie dieses Werkzeug, um sich bewusst zu machen, wie sich vergangene Ereignisse (zum Beispiel Beziehungsabbruch, Jobverlust), die Sie einst für ein Problem hielten, letztlich positiv auf Ihr Leben ausgewirkt haben.

Vergangenes Problem	Wie es mir geholfen hat ...

Vergangenes Problem	Wie es mir geholfen hat ...

Tool Nr. **29** Angstfreiheit

Sich mit der Angst anfreunden.

Dieses Tool kann Ihnen helfen, sich nicht von der Angst vom Handeln abhalten zu lassen. Indem Sie der Angst keinen Widerstand mehr leisten und sich bewusst machen, was Sie im Verborgenen von der Angst gehabt haben, können Sie sich mit der Angst »anfreunden« und sich von ihr unterstützen lassen, um zu stärkenden Handlungen zu finden.

Was hält Sie davon ab, aktiv zu werden?

Ist es die Angst, nicht gut genug zu sein, nicht geliebt zu werden, nicht zu bekommen, was Sie wollen, oder nicht behalten zu können, was Sie haben? Oder eine Kombination davon? Seien Sie ehrlich!

Was haben Sie davon gehabt, es bislang zuzulassen, dass die Angst Sie aufhält?

Was tun Sie, das Ihnen gefällt, das jedoch nicht mehr möglich wäre, wenn die Angst verschwände?

Was müssen Sie wissen, um die Angst loszulassen?

Das Gefühl existiert aus einem guten Grund. Was müssen Sie wissen oder lernen, damit die Angst verschwindet?

Was passiert, sobald Sie aufhören, dem Gefühl Widerstand zu leisten?

Wo ist das Gefühl der Angst in Ihrem Körper? Was passiert mit dem Gefühl, wenn Sie zu ihm sagen: »Zeig dich!«?

Tool Nr. **30** Verborgener Nutzen

Es ist nicht so leicht, ein Problem loszulassen, solange Sie etwas davon haben, es zu behalten.

Dieses Tool kann Ihnen helfen, sich bewusst zu werden, was Sie davon haben, ein Problem zu behalten.

Was ist das Problem?
Wenn Sie ehrlich sind: Was haben Sie davon, das Problem zu behalten?
Was tun Sie nicht, weil Sie das Problem haben?
Was tun Sie, das Ihnen gefällt und das Sie nicht tun könnten, wenn Sie das Problem nicht mehr hätten?
Wovon hält das Problem Sie ab, was Sie tun müssten, wenn Sie das Problem nicht mehr hätten?

Tool Nr. **31** Verpflichtungen einhalten

Jeder Verpflichtung folgt ein »sollte«.

Tun Sie etwas, weil Sie »sollten«, dann kann das zu einem inneren Widerstand führen, der sowohl Ihren inneren Frieden als auch Ihrem Wohlstand schaden kann. Zum Beispiel: Widerstand dagegen, sich um einen kranken Verwandten zu kümmern.

Wenn Sie merken, dass Sie aus Verpflichtung handeln, bedeutet das nicht, dass Sie aufhören sollten, zu tun, was Sie tun. Der entscheidende Punkt ist, anzuerkennen, dass Sie sich dafür entscheiden, dies zu sein, zu tun oder zu haben. Wenn Sie dann damit fortfahren, wissend, dass es *Ihre Entscheidung* ist, sind Sie kein Opfer mehr. Sie tun es, weil Sie es tun wollen.

Was tun Sie, weil Sie meinen, Sie sollten es tun?	
Was haben Sie, weil Sie meinen, Sie sollten es haben?	
Was sind Sie, weil Sie meinen, Sie sollten es sein?	

Keine Verpflichtung = kein Widerstand
= keine negativen Gefühle = keine Probleme

Tool Nr. 32 Entscheidung für Hochschätzung

Hochschätzung ist das Gegengift gegen die Neigung, das Leben als Problem zu erfahren.

Dieses Tool hilft Ihnen, die Punkte in Ihrem Leben zu finden, die Sie gegenwärtig kritisieren, und herauszufinden, wie Sie sie stattdessen wertschätzen können. Das Ergebnis: eine wundersame, unmittelbare Verbesserung Ihres Befindens – unabhängig davon, ob sich die äußeren Umstände ändern oder nicht.

Welche Punkte in Ihrem Leben kritisieren Sie zurzeit?	Was können Sie an diesen Punkten wertschätzen?

Tool Nr. 33 Liebevolle Absicht

Sie werden anziehen, was Sie beabsichtigen.

Es ist entscheidend wichtig, dass Sie sich Ihrer Absichten bewusst werden, die hinter Ihrem Wunsch stehen, etwas Bestimmtes zu sein, zu tun oder zu haben. Nutzen Sie dieses Tool, um sich zu vergewissern, dass Sie es mit positiver und liebevoller Absicht tun. Der Schlüssel dazu ist Bewusstheit.

Meiner Erfahrung nach ist es möglich, durch das Beleuchten negativer Absichten die innere Absicht in eine liebevolle Ausrichtung auf das Erwünschte zu verwandeln.

Was wollen Sie?	Warum wollen Sie es?

Tool Nr. **34** Emotionale Zustände erschaffen

Sie haben alle Emotionen in sich.

Jeder emotionale Zustand, den Sie sich wünschen können, lebt jetzt in Ihnen. Das Kultivieren positiver Emotionen hilft Ihnen, zu einem Magneten für Wunder zu werden. Um einen emotionalen Zustand zu erschaffen, brauchen Sie drei Aspekte:

Ihre Physiologie

Die wirkungsvollste Art, Ihren Zustand zu ändern, geht mithilfe Ihrer Physiologie. Sie können Ihren emotionalen Zustand über Ihre Atmung (tief und gleichmäßig) und Ihre Haltung (Brust raus, Schultern zurück) beeinflussen – oder indem Sie einen festen Stand einnehmen, den Blick geradeaus richten und sich entsprechend bewegen (ausdrucksstark, lebhaft etc.).

Ihr Fokus

Ihr Gefühlszustand wird stark von dem bestimmt, worauf Ihre Aufmerksamkeit gerichtet ist. Achten Sie also mehr auf das, was Sie wollen, als auf das, was Sie nicht wollen. Konzentrieren Sie sich statt auf Verunsicherung also lieber auf Mut.

Ihr Selbstgespräch

Was Sie zu sich selbst sagen und wie Sie es sagen, wirkt sich ebenfalls auf Ihren Gefühlszustand aus. Sie können die Kraftsprüche (siehe Tool Nr. 4) verwenden, um sich in einer positiven Haltung zu sich selbst zu stärken.

Tool Nr. 35 Zustände erschaffen

Nutzen Sie dieses Tool als Anleitung, um einen erwünschten emotionalen Zustand zu erschaffen.

Ihre Physiologie Wie können Sie Ihren Körper nutzen, um den erwünschten Zustand zu erschaffen? (Beispiele: Brust raus, lächeln, tief atmen etc.)	
Ihr Fokus Worauf können Sie sich konzentrieren, um den erwünschten Zustand zu erschaffen? Denken Sie daran: Achten Sie auf das, was Sie wollen, statt auf das, was Sie nicht wollen.	
Ihr Selbstgespräch Was könnten Sie sich selbst sagen und wie könnten Sie es sagen, um den erwünschten Zustand zu schaffen? [Sie können dafür das »Persönlicher Kraftspruch«-Tool (Nr. 4) nutzen.]	

Tool Nr. 36 Dankbare Haltung

Ich bin dankbar für ...	X
Liebe & Romantik	
Familie & Freundschaften	
Gesundheit & Vitalität	
Beruf & Karriere	
Wohlstand & Zugang zu Ressourcen	
Lebens- & Arbeitsumfeld	
Spaß & Erholung	
Persönliches Wachstum & Entwicklung	
Beitrag zum Wohl anderer	
Spiritualität & Selbsterkenntnis	

Nennen Sie eine Person, für deren Anwesenheit in Ihrem Leben Sie dankbar sind.

Wie wollen Sie dieser Person innerhalb der nächsten sieben Tage zeigen, dass sie ihr dankbar sind?

Tool Nr. 37 Anhaftungen erkennen

Festhalten schmerzt in der Hand, die hält.

Es ist natürlich, sich etwas zu wünschen, und es kann zu einem wundervollen Leben führen. Anhaftung hingegen wirkt ermüdend und kann Stress, Leiden, Frustration und Angst hervorrufen. Mithilfe dieses Tools können Sie erkennen, woran Sie festhalten.

Denken Sie daran: Falls Sie meinen, dass Sie dies oder jenes *brauchen*, sein *müssen* oder haben *müssen*, um glücklich, friedvoll oder geliebt zu sein, ist das eine Anhaftung. Indem Sie loslassen, dass Sie es brauchen, können Sie es immer noch sein, tun oder haben, doch ohne die Anhaftung können Sie es angstfrei genießen.

Was MÜSSEN Sie SEIN, um sich glücklich, friedvoll oder geliebt zu fühlen?	
Was MÜSSEN Sie TUN, um sich glücklich, friedvoll und geliebt zu fühlen?	
Was MÜSSEN Sie HABEN, um sich glücklich, friedvoll und geliebt zu fühlen?	

Denken Sie daran: Anhaftungen machen Sie zum Sklaven der »goldenen Möhren« des Lebens. Lassen Sie los, damit das Gute wachsen kann!

Tool Nr. **38** Anleitung für die Om-Gedanken-Meditation

Setzen Sie die Macht des Om zur Transformation Ihres Lebens ein.

Ich empfehle Ihnen, diese Meditation 2–3 Mal am Tag für jeweils mindestens 10 Minuten durchzuführen, am besten vor dem Frühstück, vor dem Abendessen und vor dem Schlafengehen. Verwenden Sie dabei die folgende Anleitung (siehe auch Kapitel 11).

1. Größter Herzenswunsch

Entscheiden Sie sich, was Sie sich mehr als alles andere wünschen. Formulieren Sie es positiv, z.B. Frieden, Liebe, Gesundheit, Mut, Zufriedenheit ...

2. Machen Sie es sich bequem

Setzen Sie sich auf einen Stuhl, ein Sofa oder Ihr Bett. Tragen Sie bequeme Kleidung, stützen Sie Ihren Rücken mit einem Kissen und wickeln Sie sich in eine Decke, falls die Gefahr besteht, dass Ihnen kühl wird.

3. Richten Sie Ihr Bewusstsein sanft auf das Jetzt

Lassen Sie Ihre Aufmerksamkeit mit geschlossenen Augen weit werden. Bleiben Sie dabei wach. Bemerken Sie den gegenwärtigen Augenblick und die stille Präsenz in Ihrem Sein. Das erfordert keine Mühe, kein Versuchen.

4. Denken Sie hin und wieder Ihren Om-Gedanken

Denken Sie sanft Ihren Om-Gedanken – Om-Liebe, Om-Frieden etc. – und lassen Sie ihn dann los. Versuchen Sie nicht, ihn in Gedanken festzuhalten. Bleiben Sie einfach wach und beobachten Sie, was sofort passiert.

Nach einer Weile wird Ihr Verstand aktiv werden und Sie werden anfangen zu denken. Sobald Sie das bemerken, wiederholen Sie sanft Ihren Om-Gedanken. So wandern Sie während der gesamten Meditation hin und her zwischen dem Bemerken des Jetzt, dem Om-Gedanken, dem Bemerken des Jetzt und dem erneuten Om-Gedanken, sobald Sie bemerken, dass Sie ins Denken geraten sind. Fahren Sie damit auf leichte, entspannte Weise fort.

Tool Nr. **39** Prozess zur Anziehung von Zielen

Holen Sie mühelos in Ihr Leben, was Sie sich wünschen

Dieser einfache Prozess öffnet Sie für die Fülle des Lebens. Ich verwende ihn, um meinen Zielen näher zu kommen und meinen Klienten zu helfen, ihre Ziele zu verwirklichen, häufig mit wundersamen Erfolgen. Bei diesem Prozess werden Sie im jeweiligen Moment aktiv, bemerken, wie sich etwas verändert, und entscheiden sich im nächsten Augenblick für die nächste Aktion. Ohne Stress und ohne Opfer. Dabei konzentrieren Sie sich auf das, was Sie erreichen wollen, genießen jeden Schritt des Weges und vertrauen darauf, dass es sich zum perfekten Zeitpunkt auf die perfekte Weise manifestieren wird.

Dieser einfache Prozess hilft Ihnen, ein Magnet für Wunder zu sein.

1. Fokussieren

Konzentrieren Sie sich mit liebevoller Absicht auf Ihr Ziel. Stellen Sie sich vor, was Sie sehen, hören, fühlen, riechen und spüren werden, wenn es sich manifestiert hat.

2. Vorstellen

Bilden Sie mit den Händen eine Schale und stellen Sie sich vor, wie Sie das Gewünschte sanft in Ihre Hände legen.

3. Genießen

Genießen Sie es ein paar Augenblicke lang, als wäre es bereits in Ihrem Leben.

4. Atmen

Hauchen Sie dem Bild dessen, was Sie sich wünschen, drei Mal Leben ein.

5. Verwirklichen

Stellen Sie sich jetzt vor, wie sich das von Ihnen Erwünschte mühelos erhebt und in Ihre Zukunft schwebt, wo es sich zu dem für Sie besten Zeitpunkt verwirklichen wird.

Tool Nr. **40** Tägliche Rückschau

Behalten Sie den Überblick.

Stellen Sie sich jeden Morgen und jeden Abend die folgenden Fragen.

Am Morgen

Was werde ich heute tun, um meinen Zielen näher zu kommen?

Und was werde ich heute tun, damit dieser Tag einer der besten meines Lebens wird?

Am Abend

Was habe ich heute zum Erreichen meiner Ziele getan?

Was habe ich gelernt? Was habe ich gegeben? Wie habe ich meine Liebe mit anderen geteilt?

Tool Nr. **41** Energiequellen

Kommen Sie dem Universum durch Energieerhöhung auf halbem Weg entgegen.

Bewerten Sie die wichtigsten Energiequellen auf einer Skala von 1 bis 10 danach, wie sehr sie derzeit zur Erhöhung Ihres Energieniveaus beitragen.

Lebensspendender Atem:
tiefe, gleichmäßige Bauchatmung

① ② ③ ④ ⑤ ⑥ ⑦ ⑧ ⑨ ⑩

Lebensspendendes Trinken:
Quellwasser-Einnahme

① ② ③ ④ ⑤ ⑥ ⑦ ⑧ ⑨ ⑩

Lebensspendendes Essen:
echte Nahrung, nicht zu viel, hauptsächlich Pflanzen

① ② ③ ④ ⑤ ⑥ ⑦ ⑧ ⑨ ⑩

Lebensspendende Bewegung:
regelmäßige, Endorphin-auslösende körperliche Ertüchtigung

① ② ③ ④ ⑤ ⑥ ⑦ ⑧ ⑨ ⑩

Lebensspendende Ruhe:
gute Schlafgewohnheiten

① ② ③ ④ ⑤ ⑥ ⑦ ⑧ ⑨ ⑩

Aktiv werden:
Was werden Sie auf jeden Fall tun, um Ihre Energie zu erhöhen?

Tool Nr. 42 Ausgeglichen Atmen

Atmen ist eine der einfachsten und wirksamsten Möglichkeiten, die eigene Energie zu erhöhen.

Das amerikanische HeartMath-Institut (das seit mehr als 15 Jahren über Stress und die Beziehung zwischen Herz und Hirn forscht) hat die enorm wohltuenden Wirkungen eines ausgeglichenen Atems nachgewiesen. Sie haben festgestellt, dass ein gleichlanges Ein- und Ausatmen fast sofort zu der – von ihnen so genannten – *»high heart coherence«* führt, also zu einer hohen Herz-Kohärenz. Die Herz-Kohärenz ist Ausdruck der Weichheit der Herzrhythmen. Weiche Herzrhythmen strengen den Körper weniger an und helfen, die Energie von Körper und Geist zu stärken.

Anleitung: Atmen Sie wiederholt 5 bis 6 Sekunden lang (was immer Ihnen angenehmer ist) ein und dann genauso lange aus.

Top-Tipp

Es kann nützlich sein, sich dafür im Lauf des Tages bewusst Zeit zu nehmen, zum Beispiel morgens unter der Dusche, während Sie im Bus oder in der Bahn sitzen oder während der Meditation.

Ein sauerstoffgesättigter Körper ist ein energetisierter Körper. Mithilfe dieser einfachen Übung können Sie sich entstressen, sich wohler fühlen und sogar nachweisbar Ihre Immunabwehr stärken.

Erkundung dieses Buches

10 Fragen zur Erforschung der »Zehn inneren Lehren«

In diesem Anhang finden Sie zehn Fragen, die Ihnen helfen, die zentralen Botschaften dieses Buches tiefer zu erkunden. Lesen Sie sich die Fragen durch und denken Sie über jene nach, die Sie am meisten ansprechen.

Alle Antworten sind bereits in Ihnen. Die richtige Frage im richtigen Moment kann helfen, Zugang zur eigenen inneren Weisheit zu finden.

Sie können sich die Antworten in Ihrem Heft notieren, um sich immer wieder mal darauf beziehen zu können.

Nutzen Sie diese Fragen, um einige der Kernthemen zu erforschen.

1. Wenn das Jetzt alles ist, was wirklich ist, worauf warten Sie dann, um es anzunehmen?

2. Welche Bedingungen haben Sie möglicherweise daran geknüpft, sich selbst, andere Menschen oder die Welt zu lieben?

3. In welchem Lebensbereich leisten Sie derzeit Widerstand?

4. Was sind Sie, tun Sie oder haben Sie aus Verpflichtung?

5. Worauf richten Sie Ihren Fokus? Ist es das, was Sie sich wünschen?

6. Welchen Sinn soll Ihr Leben haben?

7. Was würden Sie tun und wie wären Sie, wenn der heutige Tag einer der besten Ihres Lebens wäre?

8. Wie verhindern Sie möglicherweise, dass das, was Sie sich wünschen, in Ihr Leben kommt?

9. Wie unterscheidet sich das, was Sie sich jetzt wünschen, von dem, was Sie sich in Zukunft wünschen?

10. Für welche Menschen, Orte, Ereignisse oder Dinge könnten Sie in diesem Augenblick dankbar sein?

Club: Werden Sie Mitglied in Sandys Club. Dort haben Sie Zugang zu Videos, Audios, Artikeln und Sonderangeboten.

Beratungen: Erleben Sie eine individuelle *Mind-Detox-* oder eine *Mind-Calm*-Beratung mit Sandy oder finden Sie auf Sandys Webseite einen *Mind Detox Practitioner* oder *Mind Calm Coach*.

Kurse: Lernen Sie mit Sandy fortgeschrittene Formen der Meditation, die nur persönlich gelehrt werden.

Retreats: Erleben Sie in einem der Retreats Sandys besonderen Ansatz zur Gesundheit, zu Frieden und Glück an Körper, Geist und Seele. Sehr empfehlenswert!

Akademie: Tragen Sie zum Wohlbefinden anderer bei, indem Sie sich an Sandys preisgekrönter Akademie zum *Mind Detox Method (MDM) Practitioner* oder zum *Mind Calm Method (MCM) Coach* ausbilden lassen.

Sandy C. Newbigging ist der Erfinder der sowohl therapeutischen als auch meditativen *Mind-Detox-* und *Mind-Calm-*Methode, außerdem Autor mehrerer Bücher, darunter *»Detox für den Geist«* und *»Ruhe im Kopf«*. Einblicke in seine Arbeit wurden weltweit über das Fernsehen ausgestrahlt, unter anderem über *Discovery Health*.

Sandy betreibt Praxen in Großbritannien, leitet internationale Retreats und bildet in seiner Akademie *Mind Detox Practitioner* und *Mind Calm Coaches* aus. Er wurde kürzlich von der Federation of Holistic Therapists zum »Tutor of the Year« gekürt und im *»Yoga Magazine«* als »einer der besten Meditationslehrer« bezeichnet.

Mehr Informationen finden Sie unter

www.sandynewbigging.com
www.facebook.com/minddetoxman
www.twitter.com/minddetoxman

Kontakt: *answers@sandynewbigging.com*

Unendlicher Dank geht an Miki. Unter deiner Anleitung bewegte ich mich vom »Wissen über ...« zum »direkten Erfahren« der in diesem Buch aufgeführten Lehren.

Großer Dank gebührt auch wie immer dem Newbigging-Clan und meinen guten Freunden Bryce Redford, Lee Johnson, Micci Gorrod, Andrew Pepper, Esther Pepper, Calum Murray, Richard Abbot, Stewart Pearce und Sasha Allenby für die Liebe, das Lachen und das Lernen, die ihr in mein Leben bringt.

Mein besonderer Dank gilt David R. Hamilton, Ph.D., für seinen Beitrag zum Vorwort und dem Team der Findhorn Press mit Sabine Weeke, Jacqui Lewis, Thierry Bogliolo, Carol Shaw und Richard Crookes. Die Veröffentlichung von drei Büchern in zwölf Monaten erfordert großen Einsatz. Ich schätze eure Professionalität und eure unbeirrbare Positivität.

Ich danke auch den Bestseller-Autoren, die sich die Zeit genommen haben, dieses Buch zu lesen, und so ermutigende Kritiken verfasst haben, darunter Ursula James, Timothy Freke, Barefoot Doctor, Suzy Greaves, Joseph Clough, Nick Williams und Shamesh Aladina.

Und nicht zuletzt danke ich all den Menschen, die bei meinen Vorträgen, Kursen und Retreats, in meiner Akademie und in meinen Praxen waren. Ohne euren Mut, euch für das einzusetzen, was ihr euch wünscht, wäre dieses Buch nicht möglich gewesen.

»Sandy Newbigging bietet dem Leser eine echte Anleitung für Veränderung. Er schreibt so, wie er sprich: aus dem Herzen.«
Ursula James,
Bestseller-Autorin von »*The Source*«

»Sandy Newbigging ist ein sehr kluger Kerl mit einem weit offenen Herzen und einer ansteckenden Leidenschaft für das Leben. Von daher ist es keine Überraschung, dass dieses Buch voller lebensverändernder Weisheiten steckt.«
Timothy Freke,
Bestseller-Autor von »*Die Welt der Mystik*«

»Allein die Lektüre dieses Buches wird Ihnen genug Aufwind geben, um abzuheben.«
Barefoot Doctor,
Bestseller-Autor von »*Manifesto*«

»Wenn Sie die Tools und die Weisheiten dieses Buches anwenden, werden Sie Ihre inneren und äußeren Welten auf eine tiefgreifende, selten gelehrte Weise transzendieren.«
Joseph Clough,
Hypnotherapeut und Autor von »*Be Your Potential*«

»Dieses Buch führt Sie auf eine wundervolle Reise zur Wiederherstellung von Frieden und Glück in Herz und Geist.«
Nick Williams,
Bestseller-Autor von »*Liebe die Arbeit, für die du geboren bist*«

»Dies ist ein großartiges Werk! Sandy mixt handfeste Tipps und alte Weisheiten zu einem kraftvollen Begleiter durch das alltägliche Leben.«

Shamash Aladina,
Bestseller-Autor von »*Achtsamkeit für Dummies*«

»Dieser Band präsentiert auf leicht verständliche und zugängliche Weise tief verankerte spirituelle Lehren. Das gelingt so nur selten.«

Richard Abbot,
Bestseller-Autor von »*Natural Living Conferences*«

»Dieses Buch wird Ihren Geist und Ihre Seele bewegen und Ihnen helfen, Wunder in Ihrem Leben zu kreieren.«

Suzy Greaves,
Herausgeberin des »*Psychologies Magazine*«

Ruhe im Kopf
Schluss mit dem Dauerdenken

Wir alle haben uns wohl schon gewünscht, weniger zu denken und im Kopf nicht mehr so viel »Überstunden« zu machen, denn das ist stressig, führt womöglich zu gesundheitlichen Problemen und beeinträchtigt unseren Seelenfrieden und unsere Produktivität. Doch wie gelingt es, im Kopf Ruhe einkehren zu lassen?

Sandy C. Newbigging bietet erhellende Einsichten in die Wirkungsweise unseres Geistes und macht uns bewusst, wie sehr wir mit unserer Aufmerksamkeit in den ständig denkenden Kopf gehen, anstatt sie in der stillen Bewusstheit ruhen zu lassen, die unser wahres Selbst ist. Nur dort finden wir zur Quelle zurück, die uns ein Leben in Frieden und Liebe ermöglicht – in der Präsenz des Hier und Jetzt.

Taschenbuch, 192 Seiten
ISBN 978-3-86728-301-4

Detox für den Geist
Die 5-Schritte-Methode

Die sogenannte *Mind-Detox*-Methode bietet eine außergewöhnliche Möglichkeit, die verborgenen mentalen Ursachen physischer, emotionaler und anderer Lebensprobleme zu lösen. Einfach ausgedrückt: Wenn wir körperlich oder im Alltag etwas als »negativ« Empfundenes erleben, ohne zu wissen warum, birgt diese Methode die grandiose Chance zur Selbsthilfe.

So wurden Menschen in aller Welt von Hautproblemen, chronischen Schmerzen und Verdauungsproblemen befreit, haben ihre Gesundheit verbessert und ihr Wohlbefinden gesteigert – um nur einige der Erfolgsgeschichten zu nennen.

Sandy C. Newbigging zeigt uns, wie wir unter anderem die 20 ungesündesten Überzeugungen auflösen, welche die verborgene Ursache zahlloser Probleme sind. Er leitet uns an, chronischen Stress zu reduzieren und den Körper sich selbst heilen zu lassen, indem wir mit unserer Vergangenheit Frieden schließen. Durch das Aufgeben einschränkender Überzeugungen werden wir auf privater und beruflicher Ebene glänzende Erfolge erzielen.

Broschur, 208 Seiten
ISBN 978-3-86728-279-6